中华先贤人物故事汇

李清照

张世杰

著

中华书局

图书在版编目（CIP）数据

李清照/张世杰著. —北京:中华书局,2019.2（2025.4 重印）
（中华先贤人物故事汇）
ISBN 978-7-101-13750-7

Ⅰ.①李…　Ⅱ.①张…　Ⅲ.①李清照（1084~约1151）-生平事迹
Ⅳ.①K825.6

中国版本图书馆 CIP 数据核字（2019）第 020513 号

书　　　名	李清照
著　　　者	张世杰
丛 书 名	中华先贤人物故事汇
责任编辑	林玉萍　董邦冠
美术总监	张　旺
封面绘画	张　旺
内文插图	于露露
责任印制	管　斌
出版发行	中华书局
	（北京市丰台区太平桥西里 38 号　100073）
	http://www.zhbc.com.cn
	E-mail:zhbc@ zhbc.com.cn
印　　　刷	三河市宏达印刷有限公司
版　　　次	2019 年 2 月第 1 版
	2025 年 4 月第 9 次印刷
规　　　格	开本/787×1092 毫米　1/32
	印张 4　插页 2　字数 58 千字
印　　　数	50001－54000 册
国际书号	ISBN 978-7-101-13750-7
定　　　价	18.00 元

出版说明

孔子周游列国，创立儒家学说；张骞出使西域，开辟丝绸之路；书圣王羲之，留下了曲水流觞的佳话；诗仙李白，写下了"举头望明月，低头思故乡"的名篇；王安石为纠正时弊，推行变法；李时珍广集博采，躬亲实践，编撰医药学名著《本草纲目》……

这些杰出的历史人物，有的是在中华民族文明进程中做出过突出贡献、对后世产生过巨大影响的思想家、政治家，有的是对中华优秀传统文化的传承传播发挥过重大作用的文学家、艺术家、科学家，有的是为国家安定统一、民族融合团结和中外文化交流做出过杰出贡献的军事家、外交家……他们为中华民族的繁荣发展做出了伟大的贡献，他们的行为事迹、风范品格为当世楷模，并垂范后世。

他们是中华民族的先贤人物。他们的思想、品德、事迹，是中华优秀传统文化的结晶。他们的故事，是对中华民族的禀赋、特点和气质最生动、最鲜活的阐释。他们的名字，在五千年中华文明史上最为光彩夺目。他们为五千年中华文明史书写了最为光辉灿烂的篇章。

为了解先贤，走近先贤，我们精心组织编写了这套《中华先贤人物故事汇》丛书。以详实可靠的史料为依据，以细腻动人的故事为载体，真实地呈现中华先贤人物的事迹、品格和精神风貌，彰显他们的贡献和功绩，以激发人们对国家民族的热爱，对中华文明、中华优秀传统文化的崇敬。

开卷有益，期待这套丛书成为你的良师益友。

目 录

导 读

李清照（1084—约1155），号易安居士。生于北宋济南府章丘明水（今属山东济南）一个书香门第，早期生活优裕。父亲李格非精通经史，长于散文，在家庭的熏陶下，她小小年纪便文采出众。

李清照是中国古代罕见的才女，她在文学领域里取得了多方面的成就。在同代人中，她的诗歌、散文和词学理论都能高标一帜、卓尔不凡。而她毕生用力最勤、成就最高、影响最大的则是词的创作。

她远超群伦，赢得了婉约派词人"宗主"的地位，成为婉约派代表人物之一，并且形成了自己独特的艺术风格——"易安体"。同时，她词作中笔力横放、铺叙浑成的豪放风格，对辛弃疾、陆游以及后世词人也有较大影响。

她的词分前期和后期。前期多写其悠闲生活，描写爱情生活、自然景物，韵调优美；后期因国破家亡，多慨叹身世、怀乡忆旧，情调悲伤。

她不追求文辞的藻饰，而是以富有表现力的白描手法来表现对周围事物的感触，所描述的情景无不渗透自己的情感，使主客观得到高度的统一，真挚的情感和完美的形式水乳交融，自然朴素，不见凿痕。

她追求词"别是一格"，重视音律声字，强调"协律"，但在创作中又不受束缚，善于运用错综变化的声调韵律的不同节奏，来表达起伏变化的思想感情。如《声声慢》这首词在声调艺术上的大胆创新，是宋词中绝无仅有的：不仅在声调上表现出高低起伏、抑扬顿挫、和谐悦耳的节奏感；同时，在感情上也层层深入，把人物的内在心理变化过程恰到好处地表现出来。

她的人格像她的作品一样令人崇敬。她既有女子之淑贤，更兼须眉之刚毅；既有对女性生活细腻微妙的体验，又有愤世之感慨和崇高的情怀。她不仅有卓越的才华、渊博的学识，而且有高远的理想、豪迈的抱负。

李清照的悲剧在于她是生在传统社会的一个才华特异的女性。她以平民之身，思公卿之责，念国家大事；以女人之身，求人格平等。无论对待国事还是家事，她决不随波逐流，这就难免有无以排遣的孤独和无法解脱的悲哀。专制制度所造成的政治、文化、道德、婚姻、人格方面的种种冲突、磨难，都折射在她那如黄花般瘦弱的身子上。

她的著述，在南宋时已刊行了诗文集和词集，可惜都已经失传了。现行各种版本的《漱玉词》都是后人辑录的，只有几十首词，其中还有一部分无法断定是她的作品。另有少量诗文存世。

青梅之嗅

1

　　北宋元丰七年（1084），李清照出生于济南府章丘明水。明水，自然多水，尤其是城外有一湖烟波浩渺的好水，名莲子湖。莲子湖，环湖有二十里。湖中有许多莲花，红花绿叶相间，映在湖水里，一会凝滞不动，一会又像是在水里漂洗着的锦缎。湖水清澈透底，不仅养育一方水土，给予人们以鱼米之利，更是浸润了人的澄澈灵气。

　　李清照六岁那年，父亲李格非担任太学正，这个职务大约相当于国子监里的督学。著名词人周邦彦也曾经担任过这个职务。这年，李格非在家乡置办了一所宅子。他在屋前种植了大片的竹林，并将屋子命名为"有竹堂"。同门好友、著名诗人晁补之为了祝贺他乔迁之喜，写有一篇《有竹堂记》，赞颂李格非文思极为敏捷，哪怕是连续写十数篇文章，也是立马可待。

茂密的竹林是李清照小时候游玩的地方，而"有竹堂"书橱里堆满的各样书籍也令她格外好奇。

李格非去汴京（今河南开封）任职之前，常在这里读书，李清照常常会站在窗外和门边静静听着父亲的读书声。李格非发现后，心疼地把小清照揽在怀里。她看着父亲手里的书，问父亲这个字是什么意思，那个字又是什么意思。李格非都会耐心地讲给她听。

李格非对这个女儿格外怜惜。他的怜惜可能还不仅仅是发现了女儿有读书识字的天赋，更是他三十七岁才有了这个女儿，而且女儿出生不久就失去了生母。妻子临终时，因为病痛已经说不出话来，但是她哀伤绝望的眼神李格非是终身难忘的。她奄奄一息，但就是不肯闭上眼睛，直到李格非请人把还不懂事的小清照抱来，二伯母攥着

李清照在"有竹堂"竹林中游玩。

孩子的手，让小清照的母亲放心，她才长长地吐出一口气，安然而逝。

母亲去世后，李清照由二伯母照顾，她的二伯母慈悲善良，视李清照为己出。去官回乡的祖父更是对聪明伶俐的李清照格外宠爱，视若掌上明珠，失去母爱的李清照就在这样的温暖大家庭中慢慢长大了。

李格非去汴京任职后，与家人书信往来，说完要事，总是会问起李清照，对她的教养成长分外记挂。

2

按照宋时的习俗，一年中的重要节日有春节、元宵、端午和中秋，此外，七夕的"乞巧"对女孩子而言也是一个重要的节日。

七夕傍晚，伯母们为几个小女孩郑重安排了"乞巧"的仪式。红烛点燃，过节时候祭祖用的八仙桌上摆满了时令鲜果，伯母们分派给几个女孩儿每人一枚银针和一束彩线，令她们默念心愿以"乞巧"。看着几个姐妹默念着什么，七八岁的小清照紧紧抿着嘴角，一副很严肃的表情，可是一会儿从她的嘴角就微微绽露出一丝笑意。

二伯母慈爱地摸摸她的头，蹲下身子问她："你想让织女姐姐教会你什么呢？"

小清照眨眨眼睛，昂着头说："我想像哥哥们那样读书写字！"

一家人都笑了起来。

"看这孩子，怎么就跟别的女孩儿想的不一样呢！"二伯母有些忧心。

"乞巧"完毕，伯母们将小清照的心愿禀告公公和丈夫，出乎她们的意料，几个人却都连声说好，说真不愧是李格非的女儿，出语惊人。带着小清照长大的二伯母低头不语。一个小女孩，心思向往这么高，她觉得未必是好兆头。但看着一家人欢欢喜喜，这个话她是不能说出来的。

她悄悄看着小清照，不知道这个要强的女孩子以后会是什么样的命运。

李格非接到老家的信后，很是欣慰。比之当时的诸多官宦，李格非是相当开明的。他知道李清照以后虽然不能像堂兄弟们那样求取功名，立身立言，但孩子如此聪慧，多读一点书，多懂一些道理，也没有什么不好吧。

从此以后，除了做针线活，李清照就与堂兄弟们一起读书。她记忆力极好，常常是一目十行。李清照临的字帖，也随着书信转到了李格非的手里。知道小清照最近又读了什么书，再看看小清照的字日有长进，李格非喜不自禁，而转瞬又落下泪来，要是她的生母还在，该会有多高兴呀！

李格非静下心来，在一次回信里，他特意为女儿开列了一些必读的书目。

3

李清照十岁才过就已经读了不少书。一天，她站在书架前看着，看了半天，心想，还是找一种从没有看过的书看看吧。一会儿她蹲下，在书架最下面一层看见一卷书。这卷书已经蒙上了薄薄一层灰尘，可知很久都没有人翻动它了。看看书名，叫《香奁（lián）集》，是一个叫韩偓（wò）的唐代人写的诗集。家里的书很多，但她从没有读过这个人的诗。

她没想到的是，这本诗集里的诗却和她寻常看到的那些不大一样，写着什么"氤氲帐里香，薄薄睡时妆……"有些早熟的她，读到这样的句子，虽然并不能深解，但是里面隐隐约约的意思，她是知道的。她忽然觉到她的脸有些发烧，她将书藏在身后，四处望望，没有人来，于是赶紧背过身子再看几首。

过了一会儿，她想起偶尔会从父亲和伯父的口里听到一个词叫"香艳"，她想，这样的诗即是"香艳"的吧。

"怎么还会有人写这样的诗？"

寻常父亲和伯父们会叫她读李杜的诗，白居易的诗，还有当朝苏轼、黄庭坚的诗，还有晁补之、张耒的诗。看惯了那样的诗，她却从来不知道诗原来还可以这样写。

经过赋闲在家的祖父和伯父的指点下，她也大致懂得了写诗填词的规矩，学着写诗，也学着填词。日子久了，她觉得还是更喜欢填词。似乎填词这种方式，更能表达她的内心。

《双调忆王孙》是她比较早创作的一阕词，那年她可能只有十四五岁：

> 湖上风来波浩渺。秋已暮、红稀香少。水光山色与人亲，说不尽、无穷好。　莲子已成荷叶老。清露洗、萍花汀草。眠沙鸥鹭不回头，似也恨、人归早。

写完，她对照着韩偓的诗，觉得自己写的甚至比韩偓的更有意思。这样一想，她吓了一跳。

4

十几岁的她，因为熟读诗书，思想上远远比同龄的孩子要成熟。

时常关心她的二伯母很是担心，这孩子，想那么多跟一个女孩子没有关系的事情做什么呢？小清照的生母临终时将她托付给了自己，本分善良的她哪里会没有压力呢？但是家里的几个男人，却都会笑话这位二伯母的担心。这些心胸开阔的长辈即便发现了李清照一些不大合乎"闺范"的举动，亦不加以干预，只是笑笑就过去了。

作为大家族的李家，虽然在李格非的允许下，对李清照的成长不做苛刻的约束，但有些古训还是不得不遵守的。那时候的女子，十五岁时要用簪子束发，这叫做"上头"。"上头"之后，女子即是待字闺中，不能再随意出门，更不用说是远游了。

李清照十四岁的时候，两位伯母对她说："明年你就十五岁了，该'上头'了。"

"上头"的事，李清照自然知道。她点点头，答应了，但是又说："且让我在'上头'之前，再好好出去游玩一次吧。"

这一年，在伯伯的陪同下，她相继去了城外的溪亭和莲子湖游玩。按照现在来说，这算不得远游，但是那时候，几十里路就得几个时辰。

李清照知道这是她"上头"之前的最后一次远游，索性撒开了性子，自由自在玩耍了一天。

她那一行的记忆，后来融汇到了那阕《如梦令》里：

常记溪亭日暮，沉醉不知归路。兴尽晚回舟，误入藕花深处。争渡，争渡，惊起一滩鸥鹭。

这阕词已经相当成熟，显示了少女李清照惊人的文学天赋。

南宋建炎二年（1128），李清照有一首自叙创作经历的诗《分得知字韵》：

学诗三十年，缄口不求知。
谁遣好奇士，相逢说项斯。

由此大致推算，她最早的诗词创作该是产生于十四五岁的时候。这阕《如梦令》当是她那一时期的作品之一。

5

"上头"之后，按照习俗，李清照就已经长大成人了。

建中靖国元年（1101），李清照到了汴京，父亲身边文士如云，恰如刘禹锡的《陋室铭》描绘的那样："谈笑有鸿儒，往来无白丁。"李清照在这样的环境中如鱼得水。

一天，父亲李格非的几位友人来家里拜访，谈诗论文。李格非无意中将李清照那阕《如梦令》从一堆书里翻出。坐在一旁的晁补之看到，顺手便拿了过来，一读之下，惊讶地问："这是哪里来的？"

李格非说："不看了，不看了，这是小女清照随手写的，入不得各位方家的法眼。"

晁补之对李格非正色道："老兄此言差矣。这词写得天真烂漫，少见少见。文叔（李格非字文叔）以后可以不写了。"

那个年代，女子的文学创作具有私密性，几乎不可能外传。而这阕词却因为晁补之等人的推举，很快就传遍了京城。词的意境让汴京的文人惊讶不已，毕竟李清照还只有十六七岁。何况，按照他们的说法，一个女流之辈，居然能够写出如此有情味的作品。

6

李清照十八岁那年，嫁给二十一岁的太学生赵明诚（字德甫，又字德父）。

李清照和赵明诚的婚姻，由于后世文人墨客对李清照的喜爱，演绎出这样的说法：赵明诚听闻李清照的才名，贸然前去探望。李清照正从自家园子里的秋千架上下来，匆忙躲避，又好奇地"倚门回首"，写出了那首著名的有着青梅之味的词作：

蹴罢秋千，起来慵整纤纤手。露浓花瘦，薄汗轻衣透。　　见客入来，袜划金钗溜。和羞走，倚门回首，却把青梅嗅。

之后，文人再加演绎，则有了赵明诚那个所谓的"言与司合，安上已脱，芝芙草拔"的梦。言与司合，是'词'；安上已脱，是"女"；'芝芙草拔'，是'之夫'二字。这样一来，赵明诚就成了"词女之夫"。这样的演绎，我们且不管真伪，读读无妨，不当真就是。

李清照在园子里荡秋千。

按照当时的规矩，赵明诚和李清照的婚姻，必然是媒妁之约。

这门婚事，对女儿格外看重的李格非，是很满意的。他自然知道赵家三公子赵明诚的人品。

李清照能嫁给赵明诚，在古代也算是比较美满的婚姻了。

此时的李清照，心情愉悦，应该写下了不少以花好月明为主题的咏物词。可惜的是，大都佚失了。

这一阕咏梅的《渔家傲》有幸留存了下来：

雪里已知春信至，寒梅点缀琼枝腻。香脸半开娇旖旎。当庭际，玉人浴出新妆洗。
造化可能偏有意，故教明月玲珑地。共赏金尊沉绿蚁。莫辞醉，此花不与群花比。

一起幸存下来的还有《鹧鸪天》：

暗淡轻黄体性柔，情疏迹远只香留。何须浅碧深红色，自是花中第一流。　　梅定妒，菊应羞。画阑开处冠中秋。骚人可煞无情思，何事当年不见收。

7

虽是新婚燕尔，但赵明诚还在太学读书，只有初一、十五才能回家和李清照相会。赵家仆妇众多，李清照并无杂事，闲暇时候，她除了悉心读书，作诗填词，就是跟回到家的丈夫一起整理那些搜罗到的稀世典籍和亡诗佚史。

赵明诚闲暇之时，陪着李清照遍游汴京各处名胜和园林，也常带她去大相国寺看古玩字画。

这一时期的生活，可以通过李清照后来为赵明诚所编《金石录》撰写的《后序》有所了解：

"赵、李两家本是寒族，向来清贫俭朴。每月初一、十五，明诚都请假出去，把暂时不穿的衣服押在当铺里，取五百铜钱，走进大相国寺，购买碑文，也为我买一些喜欢的干鲜水果。回到家中，我们面对面坐着，一边展玩碑文，一边品味干鲜水果，自己觉得很像远古时代葛天氏的人们那样自由和快乐。后二年，明诚出仕做官，便立下即使节衣缩食，也要游遍天下，把古文奇字全部搜集起来的志愿。日积月累，资料越积越多。公公在朝廷里做丞相，亲戚故旧中也有人在秘书省，常常可以读到《诗经》以外的佚诗、正史以外的逸史，以及从鲁国孔子旧壁中、汲郡魏安釐王墓中发掘出来的古文经传和竹简文字，于是就尽力抄写，渐渐感到趣味无穷，以至欲罢不能。后来偶而看到古今名人的书画和夏、商、周三代的奇器，手里的钱不够，甚至是脱下衣服抵给人家，也要把它买下来。"

《金石录·后序》里，李清照记载了一件很是遗憾的事情。

崇宁年间的一天傍晚，有熟识的商人忽然来拜访，说是带来了一幅南唐徐熙所画的《牡丹图》。

"徐熙的画？"赵明诚有些不相信。

李清照从小临帖，她也随父亲叔叔们见过不少名家书画，听闻过南唐画家徐熙的大名，但是从未见过他的真迹。

"这真的会是徐熙的画吗？"李清照激动不已，站在丈夫旁边，看着来人徐徐将画在案上小心打开。

随着卷轴渐渐打开，夫妇二人一边看，一边赞叹。五代至北宋初年的徐铉评论徐熙画"落墨为格，杂彩副之，迹与色不相隐映也"。意思是说，他的画以墨为基础（不仅仅是线条），再用色彩敷染，墨与色交相辉映。徐熙的这种精妙的手法，米芾有这样的评语："黄荃画不足收，易摹；徐熙画不可摹。"这是说，黄荃虽然有盛名，但他的画不必收藏，因为容易模仿；而徐熙的画是不可模仿的，是值得珍视的。

激动过后，赵明诚静下心来，仔细斟酌，断定这幅画是徐熙的真迹，而且是难得的精品。书画鉴定虽然不是李清照的长处，但是画中花朵那种玄妙的生命气息，她是能够感受到的。

看罢画，赵明诚转过身来，看着李清照。她知道丈夫的意思。这幅画价值不菲，也许，他们是难以筹出这笔钱的。

"徐熙的画，可遇而不可求。我看你们二人格外喜欢，这么珍贵的画也该留在喜欢的人家方不委屈。我落落价，只要二十万。"来人看着他们二人，又看了看画说。

"二十万！"李清照一惊。

二十万钱，即便是官家子弟，一时也是难以筹到的。

来人说："你们再想想。这幅画出了门，物各有命，就再也转不回来了。"

"先把画留在这里吧。我们再想想办法。"看着丈夫的眼神，李清照知道他实在是太想把这幅画留下来。

但最终，李清照还是惋惜地写道："我们把它留了两夜，终于因为想不出法子筹到钱而还给了他。我们夫妇俩为此惋惜怅惘了好几天。"

谁主沉浮

1

　　就在李清照和赵明诚夫唱妇随、几乎忘却世事之时，从宫里传来了向太后去世的消息。起初，李清照并未在意此事，但是当她听说朝廷要将"建中靖国"年号改为"崇宁"时，她不禁为之一怔，似乎觉出有一片乌云正欲笼罩住整个汴京城。

　　她问赵明诚："朝廷要将'建中靖国'改为'崇宁'究竟是何意呢？"

　　其实在发问之前，她已经觉出有几分不祥。

　　赵明诚向她转述了太学生们的议论：

　　"改'崇宁'，就是朝廷要起用新派人物了。

这件事情的原委，要从宋神宗说起。这位神宗皇帝，曾真心倚重王安石等人进行变法，但却遭到司马光、苏轼等人的反对。后来，王安石无奈被迫辞去宰相时，神宗还曾说过'安石去不以罪'的话。元丰八年，神宗去世，十岁的哲宗赵煦（xù）即位，但实际上是由高太后垂帘听政。高太后又启用苏轼等老臣，尽废新法。徽宗即位后，向太后听政。现在向太后不在了，朝廷又要启用新派人物，要改元'崇宁'。只怕党争再起，元祐年间高太后重用的苏轼那一干人，也许就没有好日子过了。"

说完，赵明诚同情地看看李清照，沉默不语。

李清照明白，作为"苏门后四学士"之一的父亲，也许要遭受厄运了。于是她赶紧回了一趟家，希望能从父亲那里了解一些更为详尽的消息。

她匆忙进门去，见父亲正跟继母喝茶说话，心下才略略有些安慰。但她坐在父亲对面的时候，却分明看到了父亲的严峻神色。

李清照急迫地问父亲："朝廷究竟要发生什么事？"

父亲没有直接回答她，只是问："明诚近来如何？"

父亲的有意回避，让李清照更加焦急："改年号为'崇宁'，是有什么事情要发生吗？"

"这不是你该操心的事情。"

父亲站起来，还像是女儿小时候一样，慈爱地抚摸一下李清照的头："没事，你放心，不会怎么样。"

父亲愈是轻描淡写，李清照就愈是觉得事情严重。

李清照匆忙喝了几口茶就告辞了。她要回去再问问丈夫，请他问一下公公赵挺之，父亲会不会真的有事。

2

回到家中，李清照跟丈夫说起这件事情，希望他能乞求位高权重的赵挺之伸出援手，帮父亲躲过这一劫。

赵明诚何尝不愿意帮助妻子一解困厄，但是他知道他无能为力，一出面甚至可能会适得其反。前不久，父亲发现他竟然收藏有苏轼、黄庭坚的诗文书法时，甚至大发雷霆。因而不管李清照的请求有多急迫，丈夫却只能无奈地摇摇头。

李清照逼得急了，赵明诚只得说："这不是小事，你哪里知道这里面事情的棘手！"

除了朝廷里党争形势的变化，赵明诚早就知道父亲与"苏门"有很深的恩怨，于是他把这些事情的来龙去脉一一讲给李清照听。赵明诚五岁的时候，赵挺之在德州做官，奉行王安石新法，"苏门四学士"之一的黄庭坚执意抵制，不把赵挺之放在眼里。苏轼则说："挺之聚敛小人，学行无取。"为此，赵挺之怀恨在心，与苏轼一干人结下了很深的仇怨。

不久，朝廷终于出手了。苏轼已卒，但是宋徽宗依旧发出诏令："天下的碑碣榜额，凡是苏东坡书写的，并一律除毁。"崇宁元年（1102）七月，蔡京等人将苏辙等十七人列入"元祐党人"名单，李格非名列第五，并申明他们及其子弟不得在京城存身。

丈夫不愿也不能出面央求公公解救自己的父

亲。李清照思谋良久，要怎样才能触动自己的公公，使他生出怜悯之心，伸出援手、一解父亲的危难境地呢？她想来想去，公公不是欣赏自己的文辞么？何不把自己的父女深情写成诗，置放在他的案头，使其为之感动呢。

这首诗很快写好了。也许是情绪冲动，难以抑制，她甚至在诗里面毫不掩饰对公公有所抱怨，这无疑逾越了儿媳的本分，但是她一心救父，什么也不管不顾了。

如今，我们仅能看到这首诗的一句"炙手可热心可寒"，从这一句中，我们可以体会到李清照急欲救父的情切和掩饰不住的哀怨。

按说读了这样的诗，尤其是儿媳的某几句诗直言不讳，颇为刺人，赵挺之本应大怒，至少会斥责儿子，甚至是直接责难儿媳，奇怪的是，他却将这首诗暗暗存下。

不久，这首诗在京城流传开了。凡是读了这首诗，了解内情的人，无不感到深深的哀怜。

儿媳的诗，自然会触动赵挺之。但因为过去的恩怨，加之这是徽宗和蔡京的意思，这样的悖逆之情，使得他无法开口为李格非求情。久居官场的赵挺之深知官场奥秘，或者是考虑到蔡京一定会暗中掣肘，虽则是亲家，在这样复杂的官场争斗漩涡中，他也只能观望了。

3

对"元祐党人"的打击，才刚刚开始。

崇宁二年（1103）九月，朝廷颁布诏令："宗室不得与元祐奸党子孙为婚姻"，"宗室不得与元祐奸党子孙及有服亲为婚姻，内已定未过礼者并改正"。也就是说，皇室子弟不许和元祐党人子孙以及五服之内的亲戚结婚，双方已经约定但还没有正式行礼的，一律改正退婚。

崇宁三年（1104）四月，尚书省责令元祐党人子弟，不论有无官职，一律离开汴京。六月，朝廷又把元祐、元符年间受到重用的官员名单合二为一，共三百零九人，李格非列在第二十六名。

同月，徽宗亲自书写"元祐党籍碑"碑额，蔡京书写序文和名录，刻碑立于端礼门前。

李清照听闻此碑，大吃一惊，这是要置人于死地呀！列于名单也就罢了，还要立碑，甚至徽宗本人竟然会亲自书写碑额，这是要干什么呢？真的是要将这些人打入十八层地狱，要赶尽杀绝么？

　　一天晚上，夜幕刚落下，李清照便请求丈夫陪着自己去端礼门，她要亲眼看看那块石碑上究竟写了些什么。

　　已经是亥时了，往日这已经是他们要洗漱安睡的时辰，赵明诚拗不过妻子的请求，两人换了便服，从后门悄悄出去了。

　　两人避开繁华的街市，到了端礼门。朝廷似乎是为了让夜晚路过的人也能看清楚，竟然在石碑一侧点了一盏明亮的灯笼。几十步开外，李清照就看见碑额上"元祐党籍碑"五个真书大字。这几个大字下面，是密密麻麻的小字。她急切地想过去看个分明，却又胆颤心惊，不敢趋近，怕看见上面刻着父亲李格非的名字。

　　她正慢慢靠近，忽地刮起一阵大风，瞬间吹熄了灯笼。

　　李清照一惊，待她靠近想看的时候，那些小字

李清照在端礼门看石碑。

都已经为夜色所覆盖了。

她慢慢走近着石碑，眼睛也渐渐适应了夜色。她终于看见了蔡京的手笔，看见石碑上一个一个的名字似乎在暗夜中慢慢浮起，要在夜幕里游走一般。

终于，她看到了父亲的名字……

她用手指抚摸着父亲的名字，指间一片冰凉。

不久，李清照读到了张耒（字文潜）的《浯溪中兴颂诗》。这是一首咏怀古迹的诗作，借着凭吊古人，抒发百年兴废感叹，表达了对元结、颜真卿的无限景仰。

一读之下，她确实是有所感动，但再三品味之下，觉得还是没有写尽写透。那几天，她反复琢磨，想写一两首"和诗"。她的"和诗"不仅仅是为了写诗，更是为了要散散心中难解的积郁。

那些日子，白天晚上，她都在思虑那些诗句。她后来有一联佚句："诗情如夜鹊，三绕未能安"，道明了她当年是如何呕心沥血写作的。自然，她这两句诗是来自曹操"月明星稀，乌鹊南飞。绕树三匣，无枝可依"的化用。

几天以后，她的两首"和诗"作好了。

她的诗里有这样的句子：

> 君不见，惊人废兴传天宝，中兴碑上今生草。
>
> 不知负国有奸雄，但说成功尊国老。
>
> 谁令妃子天上来，虢秦韩国皆仙才。
>
> 苑桑羯鼓玉方响，春风不敢生尘埃。
>
> 姓名谁复知安史，健儿猛将安眠死。
>
> 去天尺五抱瓮峰，峰头凿出开元字。
>
> 时移势去真可哀，奸人心魄深如崖。
>
> 西蜀万里尚能返，南内一闭何时开。
>
> 可怜孝德如天大，反使将军称好在。
>
> 呜呼！奴辈乃不能道辅国用事张后尊，只能道春荠长安作斤卖。

汴京的文人读到这样的诗句——"苑桑羯鼓玉方响，春风不敢生尘埃。姓名谁复知安史，健儿猛将安眠死"的时候，无论如何也难以相信这是一个年轻女子写出的。这两首不让须眉之作，真的让男子也汗颜。她在诗中总结了历史的教训，借古喻今，对当权者予以劝戒。诗中对北宋末年朝政的担忧，表现得既含蓄又透彻。她的这两首和诗，不仅比前辈士大夫写得更具有史才，也更具有史德。

离开汴京的李格非，应该也会有机会读到女儿的和诗，他也一定没想到女儿竟然能做出这样有气势的诗。

4

尽管李清照已经嫁入权势日炽的赵家，但是在当时的特殊背景下，有可能被视为"不得擅到阙下"的"奸党"子女，而被责令"在外居住"。党争残酷，虽然暂时还没有到你死我活的境地，但是朝廷已经不能容忍"元祐党人"及其子女在京城有落脚之地。李清照在汴京的处境，该是在两难之间。为了避嫌，李清照一个人寂寥地回到了明水老家。

物是人非，明水已经不是李清照少女时候的明水了。祖父已经去世。当听说祖父临终前还念叨着她的名字，李清照哽咽起来。

重阳节的前一天，在亲人的陪伴下，李清照去给祖父上坟，也给生母上坟。祖父坟头的土色已经灰黄，一旁的生母的坟头上还有一些枯干了的花束，是前一段忌日时候亲人祭奠的。她将一些新的黄土撒上祖父和生母的坟头，跪了下来，祈求逝去的亲人在另一个世界能够安息。她跪在坟前的时候，真的想把自己的遭遇说给他们听。可是她又一想，还是不说了吧，让亲人安息吧，别搅扰了他们在另一个世界的生活。

回去的路上，她觉得秋风分明已经起了。她按住被风吹拂起来的衣衫，想起汉武帝刘彻的《秋风辞》："秋风起兮白云飞，草木黄落兮雁南归。"

她正默念之际，一阵风带着几片枯叶飘飞起来。

时间还早，伯母说：

"去莲子湖看看吧。你有好几年没去了。"

她本不欲去，可是面对亲人的盛情，她想，还是去看看吧。

湖边，荷花早已经开过了。荷叶半枯半绿。李清照在湖边静坐着，想起少女时代在这里游玩的欢

李清照重游莲子湖。

愉，感慨时光一去不复返了。

坐久了，李清照觉出几分凉意，她望望天上，有些阴云，也许一会儿就要下雨了，就说："咱们还是尽快回去吧。"

一行几人，车马匆匆，天快黑的时候才进了家门。刚刚进家，就听得大雨突然落了下来。李清照想起那片荷花，想起李商隐的诗句："竹坞无尘水槛清，相思迢递隔重城。秋阴不散霜飞晚，留得枯荷听雨声。"

是呀！现在大雨一定是"噼里啪啦"打在那些枯干的荷叶上。她想象着荷叶被疾疾的雨水打得支离乱晃，想象着雨水在荷叶上打出的疏疏密密、高低不同的声音。她也想起家里收藏过一幅佚名的卷轴，画的是大雨中，两位高士在一座茅棚里赤足猜拳饮酒，画上题写了一句不知是谁的诗："大雨倾盆酒正酣。"丈夫若在这儿，也许两人可以借着这雨意饮几杯，破一下这寂寥夜晚的。

大雨消歇的时候，她知道院子里有几盆新送来的菊花。她推开门，望着雨后的菊花，心生怜惜，觉得这些菊花遇到下雨是没有地方可以避雨的。她自己也一样，故乡虽好，却不是久留之地。可是除了故乡，她现在还能够去哪儿呢？

5

入夜了，李清照在屋子里随意翻书，却总是看不进去。她又站在门口，看着那几盆菊花。菊花坚韧、耐寒，秋雨过后，依旧是很精神的样子，虽然一地金黄，被雨水打落了不少花瓣。

这一夜，她写下了这阕《醉花阴》：

> 薄雾浓云愁永昼，瑞脑销金兽。佳节又重阳，玉枕纱厨，半夜凉初透。　　东篱把酒黄昏后，有暗香盈袖。莫道不销魂，帘卷西风，人比黄花瘦。

起头一句，李清照写了"薄雾浓云愁永昼"。写完，她觉得起笔不错，这"薄雾浓云"不仅笼罩了整个天宇，更是笼罩了整个心头。她认真阅读过殷璠编选的《河岳英灵集》，里面有评崔署的文字："言词款要，情兴悲凉。"是说崔署的诗有真情，是借情而抒发悲凉。她知道景与情必得相互交融，以景寓情，以情入景，这才是作诗填词的妙道。

这一句写完，李清照思考了很久，不知下一句该如何写。她忽然瞥见案上香炉里的瑞脑香正散出袅袅青烟。青烟本无情，可是人在百无聊赖的寂寥间，看着时光就在这袅袅青烟中无奈地过去，这青烟就有了意味。

这几句写罢，李清照倦了，也困了。她躺下了，起初并未觉出凉意，渐渐地，似乎睡着了，却又给凉醒了。这个夜晚那么静谧，几分寒凉悄然透过了薄薄的纱橱。醒来，她又想起什么，于是就有了上阕的后几句。

写罢这几句，李清照还是难以入睡，近来不顺遂的事情，在脑子里萦回不已。既然睡不着，那就还是起来吧。可是，起来又能做什么呢？很久以来，李清照已经习惯了饮酒。"何以解忧，唯有杜康"。睡不着，还是起来喝一杯酒吧。就算是借酒浇愁罢。

她记得陶渊明的《饮酒》里有这样的诗句："但恨多谬误，君当恕醉人。"想着陶渊明的诗句，默念着，一杯杯的酒就饮了下去。"君当恕醉人，君当恕醉人，君当恕醉人……"

李清照喝多了，和衣而卧，就这样睡着了。

第二天清晨，她醒了，酒意却尚未全消。洗漱罢，她推开门，院子里几盆菊花似乎也还在睡着一样。一夜过去，那些菊花似乎也跟自己一样，没有睡好，有着一些未醒的酒意。

看着这些菊花，她忽然就有了结尾的三句："莫道不销魂，帘卷西风，人比黄花瘦。"

写完这几句，她鼻子一酸，眼眶里湿润润的，几乎要落下泪来。这样的词句，又有谁能真正解得呢？丈夫赵明诚？还是曾经指点过她的前辈晁补之、张耒？她知道，真正能够解得的，也许只有她自己了。她自然也知道"人与绿杨俱瘦""人瘦也，比梅花、瘦几分？""天还知道，和天也瘦"这些类似的词句，但是，她知道她的"瘦"是有着更深的意味。这种意味，也只有女子能解得，也只有境遇相似的女子才能有所共鸣，这绝不是男人所能真正体味的。

她将这首词抄写了一遍，着人送到驿站，借着官邮的马匹寄给了丈夫。这里面蕴含着她的爱，更有她的幽怨。

赵明诚收到这阕词后，一边叹赏，一边又想一较高下，于是谢绝一切客人，三天三夜废寝忘食，写了五十阕词，同时将李清照这阕词混在里面，请友人陆德夫评点。陆德夫再三细读，认为只有"莫道不销魂，帘卷西风，人比黄花瘦"这三句最好。

李清照写这阕词，并不是要丈夫去和诗，而是要丈夫理解她的心思，体恤她的处境，多给她一丝别人给不了的温暖。而丈夫除了赞叹，竟然只是想一较高低。也许，李清照寄出这阕词的时候，就已经预料到，她的女子心，又有何人能懂。

这一时期，李清照还写下了这阕《一剪梅》：

红藕香残玉簟秋。轻解罗裳，独上兰舟。云中谁寄锦书来，雁字回时，月满西楼。 花自飘零水自流。一种相思，两处闲愁。此情无计可消除，才下眉头，却上心头。

6

崇宁四年（1105）以后，朝中各派政治力量的角逐渐趋平衡，暂时平静下来。

这年五月十二日，朝廷解除了对"元祐党人"的禁令。

七月十九日，宋徽宗又下诏撤销"元祐党人"吕大防等十九人所管坟寺，并改赐御题匾额为寿宁禅院，另召僧人居住。宋徽宗甚至颁下御笔诏书："让所有因为上书、上奏而受到责难处理的官员，根据罪行的轻重，可以特别照顾，允许他们回到故里。"

九月初五，全国实行大赦。宋徽宗下诏："元祐奸党，被贬逐到边远已经有很长的时间，为了表达朝廷无限仁慈之心，特许他们稍微向内地调动，所有被贬到岭南的改到荆湖，原来在荆湖的改到江淮，原来在江淮的改到京城附近地方，但不许到京畿四个辅郡。"

在这个过程中，与蔡京共事的赵挺之，渐渐发觉蔡京的险恶。他不惜自身的安危，屡次在宋徽宗面前揭露蔡京。两人矛盾公开后，赵挺之觉得实在无法再与蔡京共事，于是提出辞官。宋徽宗无法调和二人争端，亦无以明辨是非，只能同意赵挺之的辞职。宋徽宗看重赵挺之的才干，为了挽留他，将汴京府司巷一处宅邸赐给他，叫他暂且歇息，以待来日再行启用。

朝廷对"元祐党人"的暂且宽宥，让李清照感到了一线希望。春天来了，她可能会由明水返回汴京，试探一下京城的风波是否真的平静了。

回到汴京，她自然会回到经衢之西的李氏旧宅。敲开故宅的门，她再次看到了父亲在她初到汴京时候为她手植的那棵梅树。如今，那株梅树已经生得非常粗壮了。这阕《玉楼春》，可能就是这个时候写的：

　　　　红酥肯放琼苞碎，探着南枝开遍未？不知酝藉几多香，但见包藏无限意。　　道人憔悴春窗底，闷损阑干愁不倚。要来小酌便来休，未必明朝风不起。

李清照这一次的返京，究竟是什么结局，是回到赵家安稳地住了一段时间，还是匆忙返回了老家明水，我们不得而知。

7

崇宁五年（1106）正月，在宋徽宗力劝之下恢复相位才几个月的赵挺之，因与蔡京再次发生尖锐矛盾，想要再度辞职。

就在这时，一件"大事"发生了。对现在的人来说，可能就是一次彗星的出现。当然，同时还发生了雷击——汴京的"元祐党籍碑"突遭雷击，竟然一破为二。

徽宗听闻，以为是上天降怒，大为恐惧，便派人悄悄在夜深时将"元祐党籍碑"销毁。同时，撤销对"元祐党人"的所有禁令，准许"元祐党人"子弟在京城差遣居住。同时，为了调和矛盾，让蔡京去位。

同月，徽宗大赦天下，并让吏部任命李格非、晁补之等人为"监庙差遣"。这是一个闲差，可以到任，也可以不到任。但禁止他们到京城及近郊。

禁令开释不久，大观元年（1107）三月，蔡京再次出任宰相，赵挺之随即被罢免。赵挺之心力交瘁，大病不起，五日后即去世，享年六十八岁。

赵挺之去世后，蔡京依旧不依不饶。他去世后的第三天，蔡京一方面命其亲信在赵挺之置办于青州的私邸究问，另一方面命令亲信在汴京审查其在京的亲属。虽然没有查到可以问罪的口实，但还是一直折腾到七月份才罢休，并给赵挺之罗织了莫须有的罪名，使余下的官职逐一被追夺。

赵挺之与蔡京共事日久，早就觉出不能久留，久留必然是害。他有意不在老家诸城安顿，以免万一有事，拖累族人。他在青州谋划安居，实在是经过了深思熟虑。后事，果然是在他的预料之中。

赵挺之的三个儿子，在父亲去世后，只得离开京城。他们兄弟几人，幸而有父亲的远见，才能在青州宅邸暂且安身。

青州的日子，倒也无忧无虑。

赵明诚现在的时间宽裕了，可以随意出门，去各地寻访各样古物，但是没有更多的钱，购置成为难事。多年来虽有一些积蓄，但实在有限，李清照只能是处处节约开支。他们夫妇约定，膳食尽量简单，每天有一道荤菜和几道素菜即可。两人也不再添置新衣服，有一件像样的可以出门访友就够了。

闲暇日子，也正是他们读书的好时光。

二人常读的书，还有新搜购的未及整理的书册，在案头茶几甚至是枕席之上都堆满了。不管是谁，随手取阅一册，翻至某一页，看到会心处，都会请对方也看看，一起欣赏，有疑义的，二人还要讨论一番。

有一天看书累了，李清照背着手在院里走着，大声念着陶渊明的《移居》：

昔欲居南村，非为卜其宅。

闻多素心人，乐与数晨夕。

怀此颇有年，今日从兹役。

敝庐何必广，取足蔽床席。

邻曲时时来，抗言谈在昔。

奇文共欣赏，疑义相与析。

李清照在青州"归来堂"整理书籍。

李清照觉得有这样的闲暇，可以读书填词，还能够不时有短暂的出游，观赏风景，天下哪里还有比这更好的日子呢。

她在青州"归来堂"的日子，最为开心的还是晚饭后夫妇二人一起烹茶读书。

一天晚上，赵明诚已经躺下了，见李清照还在整理那些书籍，便以戏谑的口吻对她说："你把这些书册器物侍弄出灵性，又该怎么办呢？

李清照反唇相讥："这正是我想要的效果呀。那些歌舞女色哪里能跟这些书册器物相比呀！

李清照的话，自然是有着弦外之音的。赵明诚想不到，自己的调侃却被李清照反戈一击，看似无心之言，却点在了一个男人的心虚处。

他只能自嘲道："夫人是如同神仙的一样的宓妃，下凡到我赵家，还有谁比得过你呢？"

李清照见说得过了，遂说道："我不过是随口说说，哪里就那么严重了。"

8

此时，也恰值晁补之在缗城（今山东金乡）守母丧。青州、缗城不过百里，李、晁两家早有通家之好，李清照得到消息后，决定前去拜访这位在汴京多次给予自己指点的大诗人。

早在元祐年间，晁补之就曾把他关于词的观点，写进了那篇《评本朝乐章》里。那篇文字里，他评论柳永、欧阳修、苏轼、黄庭坚、晏殊、张先、秦观七家的词。这篇词评，李清照曾经听父亲说过，后来还是有机会读到了。也许还因此受了启发，才写出了《词论》。

拜见晁补之时，李清照抱着求教的态度说道：

"我近来于词有些心得，请前辈指点。"

"五代时候，战乱不断，斯文扫地，无人作新曲传唱。这时只有南唐李璟李煜父子、冯延巳等君臣温文尔雅，时有新作问世，其中有名的作品有李煜的《浣溪沙》、冯延巳的《谒金门》，"小楼吹彻玉笙寒""吹皱一池春水"更是其中的名句。句子虽然很奇特、很优美，但是要灭亡的国家所唱出来的歌声带着很深的哀伤，就不能算曲子词中的上品了。"

"到了本朝，才有了柳永，变乐府旧声为新声。但柳永的词虽然合于音律，词句却俗不可耐。又有张先、宋祁等人，虽然时有妙语传世，但却整篇破碎，不能称为名家。到了晏殊、欧阳修、苏轼等人，他们学问深厚，填这些小歌词，就像是拿着葫芦做的瓢去大海里取水一样容易，但是细细琢磨他们的词，句子都嫌不够精妙。"

见晁补之点头，李清照继续说：

"词别是一家。诗和文章只分平仄，但词却要分五音，又分五声，又分六律，还要分发音的清、浊、轻、重。比如当世的那些词牌名叫《声声慢》《雨中花》《喜迁莺》的，既可以押平声韵，又可以押仄声韵。《玉楼春》本押平声韵，又押去声，又押入声。本来是押仄声韵的，如果押上声韵则与音律协调，但如果押入声韵，就不能作歌唱了。王安石、曾巩，他们的文章有西汉的风格，但如果他们作词，只怕会让人笑倒，因为这样的词叫人读不下去。后来晏几道、贺铸、秦观一出，才得到了词中三昧。但是晏几道的词短于铺叙，贺铸的词短于用典，秦观的词致力于婉约、情深一片，词中却少了实际的东西，就像一个贫穷人家的女儿，虽然长得很漂亮，打扮也很时尚，但始终缺乏那种天生的贵气。"

李清照认为词首先要适合歌唱，才能感人。为此她在《词论》里还特意改写了一则典故：

"唐开元、天宝年间，有一位歌者叫李八郎，唱歌妙绝天下。有一次，刚刚及第的进士们在曲江大开宴席，其中有一位及第的名士，吩咐李八郎故意穿一身旧衣，戴一顶旧帽子，隐瞒自己的真实姓名，并装成神情惨淡的样子，一同参加宴席。然后对众人说：这是我的表弟，让他坐末席吧。参加宴会的众人都对他毫不在意。众人边喝酒边听歌，许多歌者轮流唱歌，其中只有曹元谦、念奴二人歌唱得最好。唱完后，大家对二人的歌声称叹赞赏不绝。这时，那位名士忽然指着李八郎对大家说：请让我表弟为大家演唱一首歌吧。众人都哂笑起来，甚至还有人对于让一个无名之辈来歌唱感到很生气。可是等到李八郎一曲歌唱完，感动得众人都哭了起来，团团拜伏在他周围，都说：你肯定就是李八郎啊。"

晚年，她还时常翻出这篇文字，看着里面的词句，虽略为尖刻，但觉得自己没有说错。那些正统的诗，虽则有无数可以赞叹之处，但是要"直心见性"，尤其是深刻地表现女子的内心，她认为词这种形式更为适宜。她觉得女人也应该有属于她们自己的文体，这就是词。

9

"元祐党人"案始于宋哲宗元符三年（1100），到宋徽宗政和三年（1113）八月方告尾声，其间沉沉浮浮，竟然历经了十三年又八个月。此案深刻地影响到李格非一家人的命运。李清照经此一案，逐渐洞明世事。

宋徽宗下令销毁"元祐党籍碑"之前，已经有人悄悄拓印保存了下来。

有意味的是，"元祐党籍碑"销毁九十三年之后，当年被列为"元祐党人"之一的梁焘的曾孙梁律，根据家藏碑刻拓本重新刻制了一块碑。其后，"元祐党人"的子孙更以先祖能够名列此碑为荣，多有摹刻。

浮槎去，不相逢

1

在青州生活了十年后，赵明诚终于重新被起用，出任莱州太守，三年后转任淄州。

靖康元年（1126），金兵从正月初五发兵围困京城，到二月十二日，兵乏马困缺少粮草的金兵依旧无力攻克汴京，无奈退去。但是到了九月，金兵经过休养，再次南下，迅疾拿下太原。十月，攻陷真定（今河北正定），继之再攻克滑州（今河南滑县）等郡县。

一天，赵明诚回家后神色不安，吃了几口饭，就把碗筷推到一边。

不待李清照询问，赵明诚就说："金贼已经围困住汴京了。"

"金贼去年围困京城，虽然朝廷艰难，但还是有足够的兵力阻挡，人心亦在。但这一次不一样。金贼兵强马壮，气势汹汹，十几万军士携带了大量的粮草，下决心要攻破京城。据说他们还研究了破城的方法。"

果然不出赵明诚所料，到闰十一月，金兵很快破城，把徽宗、钦宗拘留在金营，金主下诏废徽宗、钦宗为庶人，次年立同金朝勾结的原宋朝宰相张邦昌为伪楚皇帝。随后，金兵带着俘虏的徽、钦二帝和后妃、皇子、宗室、贵戚等三千多人北撤。

康王赵构在南京应天府（今河南商丘）被拥立为皇帝，重建赵宋王朝，改年号为建炎。

这之前，靖康元年春，金兵第一次包围汴京时，赵构曾以亲王身份在金营中短期押为人质。当年冬，金兵再次南侵，他奉命出使金营求和，在河北磁州（今河北磁县）被守臣宗泽劝阻留下，才得以免遭金兵俘虏。金兵再次包围汴京时，他受命为河北兵马大元帅，朝廷令其率河北兵马救援京师，但他移屯北京大名府（今河北大名），继又转移到东平府（今属山东），以避敌锋，才有了他建立南宋的机缘。不然的话，赵宋王朝一百六十七年的血脉就到此断绝了。

2

赵明诚任职淄州时，偶然从淄西邢氏村隐居老人邢有嘉手中得到一册白居易手书的《楞严经》。

赵明诚知道李清照喜欢白居易的诗，这件书法作品若是给她看到，她该是如何的惊喜。

赵明诚片刻也没有耽搁，连夜返回。到淄州家中已经是二更，李清照已经休息了。看着熟睡的李清照，赵明诚还是忍不住叫醒了她。

李清照听闻丈夫带来了白居易的手书，简直不能相信是真的。

《楞严经》在案上展开，李清照仔细看着，摩挲着那些字迹，似乎可以感觉到大诗人的手正在那里一行一行地书写着。

欣赏半天，意犹未足，于是李清照去烹了一壶"小团龙茶"，二人"相对展玩"，干脆不睡了。

李清照对白居易的诗极为熟稔，从小就会背诵"离离原上草，一岁一枯荣。野火烧不尽，春风吹又生……"

那几天，只要有闲暇，李清照就会在案上展开这件白居易的手迹，反复观摩体味。

赵明诚见妻子整日面对白居易的墨迹，就对她说："以你的见识，白公的诗自然是一流的，可他的书法怎么样呢？"

李清照自然知道这是深谙金石书画的夫君在考问她。婚后，李清照对金石书画下了很多功夫，因此毫不犹豫地评点说：

"白居易的书风，温雅中有雄健，神气爽朗，气度飘逸，骨力清健，字字珠圆玉润，书卷气盎然满纸。"

李清照说完，赵明诚一愣，妻子对白居易书法的见识甚至要在他之上。

可不待丈夫说什么，李清照又说起白居易的诗："他的诗虽然好，但《长恨歌》里面还是有叫人遗憾之处的。"

赵明诚一惊，不知道接下来她要说些什么。

李清照接着说："玄宗早年励精图治，因此有开元治世；晚年荒淫无道，因此有天宝乱世。诗人对他有一种矛盾而复杂的感情，有时颂美怀念，有时批评斥责，诗中就难免有自相矛盾之处。"

赵明诚惊讶得说不出话来。

3

建炎元年（1127）春三月，赵明诚接到家书，得知母亲在江宁病逝。

父亲赵挺之早已去世，母亲的病逝令赵明诚焦虑万分。时局不稳，随时可能出现变局，让赵明诚在奔丧和守护书画古物两难之间，尤其是他手里还有几件与性命一样重要的"宗器"。携妇前往江宁，自然可以尽孝道本分；而他又实在放不下二十余年来积存在青州老宅的大量书画古物，权衡之下，赵明诚决定，还是独自一人回江宁奔丧。

临别之际，赵明诚望着妻子李清照，不知该说什么才好。他知道此时留下一个聪慧但毕竟柔弱的女子，应对如许多的烦冗杂事，心有不忍，但事出无奈，他只能简短交代几句，就毅然转身，怅然而去。

送别丈夫，按照赵明诚的安排，李清照回到了青州。

青州老宅虽然有人照看，一应物什却难免蒙上了一些灰尘。李清照颓然坐下，只觉得满目苍凉。

目睹着屋子里的一切，李清照明白原先二人世界里所有的琴书之娱和金石之乐，随着难以预料的局势，难以再继了。偌大的家业，李清照无心料理，索性撒开手，一切均交由仆妇照管。她面对整箱整匣的书画古物宗器，逐件翻检摩挲，每一件东西的来历，她都所知甚详，都能引起她的回忆。往事历历在目，甚至她还能从每一件东西上触到丈夫手指的温度。

这正是"乍暖还寒"时候，收拾东西累了，安歇片刻的时候，她想起丈夫离别时候的话语，从那不多的话里，她感到了深深的不安。一旦局势有变，这些东西又将归于何处？满心惆怅的她，不由得感到孤独难禁。而不时传来的一日紧似一日的消息，更是令人彻夜难眠。此一时安在？彼一时又安在？而恰恰是这样的时刻，丈夫却不在身边。丈夫不知何时返回，亦难预料后面有什么未知之事降临。李清照心里无奈地想，她也只能是勉力而为了。

李清照独自在家，没有子嗣的一个妇人，心境之寂寥惶惑可想而知。黄昏时分在小院踱步，小院里愈是有着空寂之感。

春日还在，却是太短。李清照在孤寂中忙于收拾料理，还没有来得及看顾，春色不经意间就要匆匆离去了。而更令人愁肠难抑的是那偶尔落下的恼人雨水，亦是不早不晚，在人烦闷之时，飘然而至。大雨倾盆，"呼啦啦"下来，来得快，去得也快，未及忧愁，雨水就痛快地过去了。而星星点点的雨，似有似无的，一滴一滴打在将残未残的花朵上，却是令人难以忍受。这一而再、再而三的散漫无边的煎熬何时能了。她长长叹了一口气，因为这雨，本来就要离去的最后一点春意，走得更快了。

李清照写下了《点绛唇》一词：

　　寂寞深闺，柔肠一寸愁千缕，惜春春去，
几点催花雨。　　　倚遍栏干，只是无情绪。人
何处，连天芳草，望断归来路。

　　我们不知道这阕词，她是否写于这青州庭院，
但这却仿佛是她此时在青州的真实写照。赵氏老
宅，自然是清雅宜人，但似乎因其清雅，反而格外
令人寂寥无主。

　　丈夫不在身边的日子里，为了压抑孤寂无聊，
李清照万事不问，埋头整理书画古物，登记造册，
分别拣选装箱，以备突然之变。困倦乏味之时，她
会站在楼上，心绪茫然地扶着栏杆。

　　四十多岁的李清照，已经有了一些衰老的感
觉，殊觉人生苦短，亦是无味。生母在她不到一岁
的时候就已去世。那时候她还太小，不知道悲哀，
不知道那是永诀。这时候，她忽然想起生母，生母
在天之灵会知道她现在的处境么？她这样想的时
候，又想起《诗经·蓼莪》："父兮生我，母兮鞠

我。拊我畜我，长我育我，顾我复我。"父亲呀你生下我，母亲呀你喂养我。你们照顾我疼爱我，养我长大培育我。父亲李格非十几年前已离她而去，继母也已经离去了，弟弟李远亦是远在他乡。而眼下她最需要依靠的丈夫，却又远在江宁。

无边思绪间，伫立许久，以至于脚都麻木了。是愁是哀，她竟然不知要想些什么，可以想些什么，只是觉得不想也罢。罢罢，世事如烟，倏忽即可消散，真的是可以万事皆休，事事皆休了。

挪动一下站立许久已经酸麻的脚，她扶着栏杆，目光越过院子的围墙，只见远路依稀，芳草连绵。她一直望向远处，望向再也看不见的地方。那看不见的地方，是哪儿呢？

她又低下头，忽然想问问自己，自己身在哪儿呢？

是呀！自己身在哪儿呢？

家在哪儿？

国又在哪儿呢？

4

赵构登基为皇帝后，宰相李纲和东京留守宗泽坚决主张抗战。宗泽还上书，请赵构勿听信奸邪，为社稷存亡，应决策回汴京，恢复旧都。

李清照听到这些消息，很是欣慰，一度以为赵构会采纳宗泽的建议，下决心回到汴京，重整社稷。

建炎元年（1127）八月，朝中传来消息。以中书侍郎黄潜善、知枢密院事汪伯彦为代表的主和派主张："汴京已经是金人蹂躏剩下的残余，不必再考虑回去"，而"东南地区经济富足，才是可以御敌之处"。赵构听从了主和派的意见，并为压制主战一派，罢免了李纲的宰相职位。

过了几天，朝中再度传来消息，为了彻底压制主战一派，赵构竟然下诏，将上书力陈朝廷、祈求恢复李纲相位的太学生陈东、布衣欧阳澈押赴刑场斩首。

午时三刻，正是艳阳高照、阳气上升之时，本可以为国效力、为民解忧的壮士，无缘杀敌，却反而死在宋室的刀下。

听闻此讯，李清照端着酒杯的手颤抖着，酒杯到了口边，却又放下。放下，又端起，手一直在颤抖，以至于一杯酒都撒尽了。

桌上的菜，已经凉了，热了又端上来。李清照几乎一口没有吃。过了一会儿，她推开碗碟，端起酒杯走到庭院里。虽然还是秋天，李清照却是感到寒风四起。

七月十五的中元节刚刚过去，李清照要给陈东、欧阳澈二位壮士补过一个中元节。她用桑叶铺衬了桌面，用葛黍苗、麻苗、粟苗做成的麻谷窠儿系在桌子脚上，点亮了灯笼，召唤着二位壮士的魂魄。她知道二位壮士被问斩，该是无人敢于祭祀。甚至是二位壮士的家人，恐怕也会因为畏惧朝廷的淫威，只能悄然洒泪。悲愤难抑的李清照，站立中庭，仰空而望，将新斟的一杯酒双手举起，徐徐洒下。

李清照在中庭站了许久，一动不动，木石一样。

5

这年八月，赵明诚再任江宁知府。

李清照则按照赵明诚的吩咐，把所藏之物拣了又拣，书、画、器物精挑细选，仍是装了十五车，前往江宁。

随身携带的，自然少不了赵明诚最为珍视的蔡襄《赵氏神妙帖》。李清照离开青州不久，这年十二月，青州被金人攻陷，故宅十余间屋子所藏的书册都在战火中化为灰烬。

见到妻子，赵明诚放下心来。李清照讲了路上遭遇到盗贼的事情，以及如何舍弃一些财物，才保住了《赵氏神妙帖》。赵明诚感慨不已，当晚，他为此帖作了跋语。

晚上，李清照独坐，沉思无语。她知道金人的虎狼秉性，此一时的满足，不过安歇一时，有这样的虎狼之欲，宋室大局就仍在变动之中，说不定哪一天金人会卷土重来，再一次向南逼迫。江宁若不守，朝廷就只能南渡临安（今浙江杭州）了。

赵明诚知道妻子在想些什么，于是说：

李清照抱怨朝廷一味南逃，赵明诚对其表示不满。

"咱们也得早做打算。不比人家，金银细软带走即是。那些古物书册，得尽早打算。"

再往下的话，赵明诚不说了。

李清照知道他的意思，朝廷的事情，臣下是不能多说的。

这一年，李清照已经四十五岁了。因为战乱而流离失所，她心里对朝廷是有抱怨的，为什么不能抵抗，而是一味南逃。说是南渡，其实就是逃亡啊。

一天，她研墨按纸，将去年一个大雪天，她出城探雪间所得的两联诗句，再次斟酌修改后，写在纸上，置于客厅几案上，并期望丈夫能够赓和一联。

南渡衣冠少王导，北来消息欠刘琨。

南来尚怯吴江冷，北狩应悲易水寒。

赵明诚对李清照写这样的诗句，自然是有所不满的。他甚至以为这样是犯上，担心会引发祸患。李清照见赵明诚没有赓和，知道丈夫在这一点上跟她观点不同。

看着丈夫，李清照心里默默想：

"我不过是在诗里暗示对北方沦陷的悲叹，期望当朝能有像东晋王导、刘琨那样的人物，面对山河破碎，神州陆沉，能够挺身而出，力挽狂澜于既倒，救黎民于水火之中罢了。这有什么错呢？"

于是她对丈夫说："孟子早就说过'民为贵，社稷次之，君为轻'，我这样写又有什么不对的呢？"

赵明诚无言，转身出去。可他临出门的一瞬，还是甩回一句话："孟子是孟子，朝廷是朝廷，连这个道理你都不懂吗？"

6

建炎三年（1129）三月，赵明诚因御营统治官王亦谋变一事处置不当，被免去江宁知府，夫妇二人离开江宁。

赵明诚决定乘船先到芜湖（今属安徽），再进入姑孰（今安徽当涂），打算在赣水（今江西赣江）一带寻找一处地方暂且安身。与李清照心绪全然不同的是，赵明诚虽则离开，但他心里却是一直期待着朝廷的再次起用。

不多时日，二人自江宁乘船到了芜湖，要经过乌江。

乌江边有项王庙，李阳冰篆书题匾额曰"西楚霸王祠"。赵李二人自然熟知《史记·项羽本纪》，《金石录》卷七亦有赵明诚撰写的《唐西楚霸王祠堂颂》一文。路过乌江，李清照感慨万分，触景生情。楚汉之战，成则王侯败则贼，李清照不认同这种看法。望着滔滔江面，她想起之前为项羽写的一首诗《夏日绝句》，瞬间脱口而出，心底无从发泄的积郁，终于有机缘痛快一吐：

生当作人杰，死亦为鬼雄。

至今思项羽，不肯过江东。

在她的眼里，时下太学生陈东、布衣欧阳澈这样的人，方当得起这"鬼雄"之名。

面对乌江的隆隆涛声，李清照想起被诛杀的两位壮士，仿佛再一次听到了他们在艳阳高照之下，人头落地的声音。沉重、锋利的刑刀没有挥向敌人，却落在了两位壮士的脖颈上。李清照感到悲哀和绝望。

7

建炎三年（1129）五月，他们夫妇刚刚抵达池阳（今安徽池州），赵明诚却得到派任为湖州知府的消息，要他到行都建康（今江苏南京。北宋时叫江宁，南宋建炎三年五月改名为建康）去朝见皇帝。赵明诚嘴上没说什么，心里却是暗暗高兴的。他觉得这才是他真正的家国大业。为了尽速抵达建康，赵明诚匆忙将李清照安顿在池阳，独自从陆路赴召。

一路水上行舟，二人携带了大量书画古物还有宗器，赵明诚匆忙赴任，二人甚至都没有时间商量如何安顿这些东西。

李清照没有因为丈夫的赴任而有丝毫的欣喜。

赵明诚与李清照离别，独自从陆路赴召。

十几年来，夫妇离离合合，战事时紧时松，前路叵测，李清照已经对尘世有些厌倦了。

心绪恶劣的李清照，看着面露喜色、急欲赴任的丈夫，焦急地大声追问："假如听说城里局势紧急，我该怎么办呀？"

赵明诚听见李清照的呼叫，转过身来，远远地回道："跟随众人吧。实在万不得已，先丢掉包裹箱笼，再丢掉衣服被褥，再丢掉书册卷轴，再丢掉古董，只是那些宗庙祭器，必须抱着背着，与自身共存亡，别忘了！"

赵明诚打马疾驰而去，小路上尘土腾起，追随的仆人，也骑着马在后面紧追不舍。

待一行人远去，尘土缓缓落下后，李清照望着寂静蜿蜒的小路，心里问道，可是我呢？那些书册卷轴古董、那些宗庙祭器固然重要，可是，要是我不在了，你的这些东西又能安在吗？！

8

赵明诚赴建康朝见皇帝，欲往湖州上任。建炎三年七月七日，独居池阳的李清照写下了一阕《行香子》：

> 草际鸣蛩，惊落梧桐，正人间、天上愁浓。云阶月地，关锁千重。纵浮槎来，浮槎去，不相逢。　星桥鹊驾，经年才见，想离情、别恨难穷。牵牛织女，莫是离中。甚霎儿晴，霎儿雨，霎儿风。

"草际鸣蛩，惊落梧桐"，李清照是以梧桐自比。草虫嘶鸣，是感到了寒意，梧桐虽是草木，也一样能感受到逼近的秋意。其实，在她这里，这岁月哪里仅仅是秋意，俨然堪比寒冬了。冷寒过后会春暖，而她心里的冷寒，却是难以过去。

但埋怨归埋怨，赵明诚依旧是自己的夫君，是她在茫茫人海中唯一的倚靠。她在等丈夫的信，等他一切平安的消息，等他安顿好了，好携带着这些东西前去跟他相聚。

可李清照万万没有想到的是，赵明诚冒着酷暑赶路，路上就生病了，到建康就已经病重。七月末，李清照得到了丈夫病重的消息。尤其让人焦急的是，赵明诚是性子急躁的人，本来朝见皇帝后就要去湖州赴任，这时候生了病，一定会燥热，燥热之下，他可能会服食一些寒性的药，这样就糟了。家中收藏的《神农本草经》《新修本草》这些汉唐人的医书，李清照自然看过，不惟草木药性，可能一些常用的方剂、配伍也是明白的。她担心的是丈夫万一不听信大夫的诊治，以一己之见胡乱服用"柴胡、黄芩"这些寒凉之药，那就有大危险了。

李清照一刻也不敢耽搁，赶紧雇船，一天一夜走了三百里。及至到了建康，辨识了煎煮在瓦罐里的药，她惊慌地看见里面果然有柴胡、黄芩，且用量颇大；再看看丈夫的脉息气象，她知道已经病入膏肓，已经到了药力难以奏效的程度。

赵明诚起身都困难，他挣扎着取来纸笔，写下一首诗就咽气了，没有留下别的遗嘱。

这年，赵明诚才四十九岁。

将丈夫安葬后，李清照举目茫然，含泪写下了《祭赵湖州文》，其中有这样的句子："白日正中，叹庞翁之机捷。坚城自堕，怜杞妇之悲深。"

李清照是在说，你已经像庞翁那样脱离俗世而去了，而我就像那位因为丈夫战死向城而哭，城墙都为之崩塌的杞妇，只能独守悲伤。

不久，李清照在凄苦无助中写出了她的千古绝唱《声声慢》：

　　寻寻觅觅，冷冷清清，凄凄惨惨戚戚。乍暖还寒时候，最难将息。三杯两盏淡酒，怎敌他、晚来风急？雁过也，正伤心，却是旧时相识。　　满地黄花堆积。憔悴损，如今有谁堪摘？守着窗儿，独自怎生得黑？梧桐更兼细雨，到黄昏、点点滴滴。这次第，怎一个愁字了得！

西风恶

1

安葬了赵明诚，日夜操劳、忧心的李清照，急火攻心，终于病倒了。如果说丈夫的突然病亡让毫无准备的李清照几欲崩溃，而掩埋、祭奠了丈夫，身边忽地死静一般，却让李清照渐渐回过神来，苦涩弥漫，这会儿她才真正知道她过去的生活，已经一去不复返了。

孤身一人的李清照，常回忆起跟赵明诚结婚以来的点点滴滴。他们相伴读书，相互唱和。在一起的日子虽然有苦有甜，但现在想起的多是温馨的片段。

她想起曾写过的那首《如梦令》：

昨夜雨疏风骤，浓睡不消残酒。试问卷帘人，却道海棠依旧。　　知否？知否？应是绿肥红瘦。

有一天晚饭后，二人闭了门。有心的李清照早已嘱咐厨房留了几碟"按酒"。赵明诚的"按酒"是算筹形状的腌肉和腊虾之类，李清照却嫌这些食物"粗夯"，她喜欢的"按酒"，是桃圈、梨条、煎雪梨、柿膏儿、党梅这些蜜饯。

二人依着酒令饮酒。不知不觉间，夜已经深了。李清照虽然比丈夫多喝了很多杯，但似乎还没有喝够。

第二天早上，浓睡一夜的李清照起来，见丫鬟正卷起帘子，她忽然想起昨夜的风雨，怜惜地问道："昨夜刮风下雨，外面那些海棠怎么样了？"

丫鬟还没顾上回答，正在窗前站着的赵明诚没有多想，也没有认真看看海棠究竟怎么样了，顺口就说："海棠依旧呀！"

李清照没有出声，心里却在想："粗心的夫君呀！你哪里知道我这话的弦外音、味外味。红颜易老，看似风雨无事，那些海棠一定是绿肥红瘦，不堪再看了。"

李清照洗漱完，却不急着吃早饭，而是伏在案上，匆匆把这阕词写了出来。

赵明诚看了，觉得这阕词看似平淡，却于平淡之处陡然出新，不由得叹服。

叹服之余，他又体味到李清照的言外之意，于是笑着对她说："绿可肥，红不能瘦呀！"

2

李清照还想起当年因为"元祐党人"一案，父亲李格非被罢黜，而赵明诚虽无奈，却不能施以援手，这件事在李清照心里留下了一道阴影。夫妇身心相连，日则同行，夜则同宿，李清照写下的那首"救父"诗，不仅是对公公有埋怨，其间也隐含着对丈夫的一丝失望。

而这之前不久，沉溺于爱情的她还为丈夫写下了一阕堪称娇艳的词：

> 卖花担上，买得一枝春欲放。泪染轻匀，犹带彤霞晓露痕。　怕郎猜道，奴面不如花面好。云鬓斜簪，徒要教郎比并看。

没想到她对丈夫深深的爱，却是换来了失望。

夜深了，丈夫已经睡去。久久不能入睡的李清照起来，坐在桌前，看着她写的这些浓情蜜意的词，落下泪来。

她不敢惊动已经在睡梦里的丈夫，只是悄悄将这些诗笺撕碎。她知道，第二天早上丈夫起来，是能够看到这些被撕碎了的诗笺的。撕碎了的诗笺，就是她的无声埋怨。

就算现在想来，李清照内心仍有几分悲戚。她无处排遣，只得一首接一首写词。

3

崇宁五年（1106）的场景又浮现在眼前。

李清照从丈夫的信中得知，近来朝廷对元祐党人的追究有所放松。

形势的好转，让忧心"未必明朝风不起"的李清照略略有所宽慰，觉得父亲的出头之日不远了，她回汴京的日子应该也不远了。

但是赵明诚比较谨慎，他希望李清照晚一些时候再回来。赵明诚的劝阻，自然是有着他的想法，但李清照觉得有些委屈。

她接连写了几首词，随口念出了这首《小重山》：

　　春到长门春草青。江梅些子破，未开匀。
碧云笼碾玉成尘。留晓梦，惊破一瓯春。
花影压重门。疏帘铺淡月，好黄昏。二年三度
负东君。归来也，着意过今春。

她觉得自己那时候的心情，就像汉武帝时失宠后住在长门宫的陈皇后阿娇一样，苦涩忧郁。

一会儿，又念出了那首《多丽》：

小楼寒，夜长帘幕低垂。恨萧萧、无情风雨，夜来揉损琼肌。也不似、贵妃醉脸，也不似、孙寿愁眉。韩令偷香，徐娘傅粉，莫将比拟未新奇。细看取、屈平陶令，风韵正相宜。微风起，清芬酝藉，不减酴醾。　　渐秋阑、雪清玉瘦，向人无限依依。似愁凝、汉皋解佩，似泪洒、纨扇题诗。朗月清风，浓烟暗雨，天教憔悴度芳姿。纵爱惜、不知从此，留得几多时。人情好，何须更忆，泽畔东篱。

念着念着，她的眼泪不由得流了下来，打湿了衣襟。当时的她心里深爱赵明诚，唯恐自己也像汉皋解佩、秋之纨扇一样被遗忘了。

但是那时骄傲的她怎么会直接说出口呢？

4

为了躲避金人的继续南侵，李清照打算将赵明诚遗留之物暂时送往洪州（今江西南昌）亲戚家。

行前，她再一次去祭奠匆忙甚至是近乎草草安葬的丈夫。

这一次启程，她不再焦急了，亦没有可以令人焦急之事。一颗提着的心终于落下了，尽管是落向了无底的深渊一般。可一个人若是觉得万事皆可休，深渊也就深渊吧。无非是落，落下去罢了。反正这个落，终究会有到底的时候。

舟行水上，入夜了，月亮也似疲倦了，好多天没有能够安心睡一觉的李清照，在船舱里终于沉沉睡去。这一段时间太累了，心如枯槁的她，几乎只是麻木地做着一切，麻木地看着丈夫入土。痛苦之极的她，已经无泪可流，似乎也已经无从痛苦了。

这一夜，李清照睡得好沉。迷蒙之中，好像天快亮了，她觉得自己似乎是在一个梦中，还是听见了，真的听见了，苍天之上，她看见了什么，也有什么声音在问她。

她终于醒了。醒来后，久久伫立在船头，江面上满是晓雾，她怅惘地望着连接着晓雾一直弥漫到天际的云，浮想联翩间，又想起梦里的情景。

在这个梦里，李清照伫立许久，看着云涛绵绵不断，起而伏，伏而起。云雾浑然涌动间，是人间又似乎不是人间。可云间究竟是哪儿，是谁也不知道的。星河间似有千帆，似云雾也似千帆，似千帆也似云雾。似梦亦不是梦，似梦非梦间，李清照似乎听到了天帝的问候：你这人间的女子，欲往何方呀？

是呀！我这人间的女子，真的是欲往何方呀？李清照想想，其实是想不明白的。恍惚间，她想起了自己写过的那阕《渔家傲》：

> 天接云涛连晓雾，星河欲转千帆舞。仿佛梦魂归帝所，闻天语，殷勤问我归何处？
> 我报路长嗟日暮，学诗谩有惊人句。九万里风鹏正举，风休住，蓬舟吹取三山去。

丈夫去了，书册古物需要费心保留，《金石录》也还需要整理。而更为紧要的是"学诗谩有惊人句"，我还能写诗填词，那亦是我的命呀！我命不亡，难道是天帝你的意思吗？

这一路，李清照的心情是极为复杂的。丈夫突然去世的时候，李清照是绝望的，但是冷静下来，想想自己今后的日子该如何过下去的时候，她才真正感到了可怕。

5

赵明诚去世大半年之后，第二年的春天来了。李清照没有精神出去赏春。往年，她可是一入冬下了雪就期盼着春天的。

眼下，她只是隔着窗棂看着庭院里的各样花木悄然鼓起的花蕾，看着初绽的娇嫩的花，也看着带着些许寒意的春风微微吹着它们。现在的她觉得，春风是有着一丝寒意的，那一丝春寒里也会风吹花落。初春的花蕾，确是太娇嫩了。

看着院子里的草木，她徘徊着，出口吟诵：

风定落花深，帘外拥红堆雪。长记海棠开后，正伤春时节。 酒阑歌罢玉尊空，青缸暗明灭。魂梦不堪幽怨，更一声啼鴂。

才绽开的娇嫩春色，春风也是可以一吹而去

的。风住了，阶下的落花却铺了薄薄的一层。尤其是娇艳的海棠，哪里禁得住这风吹啊。春色美，春色也伤人。愈美艳的花朵，愈是惹人心碎。花是红颜，人亦是红颜，都是怕老的。这时，李清照觉得自己的一生似乎就要终结了。恰恰在这深深的感慨里，"更一声啼鴂"，春色尚不浓，这催春之鸟，追着春风，要催促春天赶紧去了。

春天过去，似乎转瞬就是初秋了。闰八月的一天，忽然传来消息，那一批暂存在洪州的赵明诚遗物，被御医王继先盯上了。他出价三百两黄金，要购买这些器物。李清照惶惑之间不知如何是好，赵明诚的姨表兄弟谢克家却不知从哪儿知道了这件事，由于他的干预，才制止了王继先的贪婪觊觎。

金兵一路南下，势如破竹。赵构也一路向南，宋兵却是节节败退。府州县吏撤换了一个又一个，却都没能抵御金人的铁蹄。李清照也跟着终日惴惴不安。

不久，外面传出谣言，说是赵明诚曾经私下给金人赠送过玉壶，有通敌嫌疑。为了自身的安危和保全赵明诚的遗物，也为了清除外面的谣言，建炎四年（1130），李清照携带着一些丈夫的遗物，试图追上逃亡的赵构，进献文物以表忠贞。李清照数次辗转追赶，每每都差一步，一直追到温州、越州（今浙江绍兴），才追上了赵构。

居无定所的她，身心憔悴。更令人揪心的是，她携带的器物书画，时常会引起梁上君子的光顾。

在越州时，她当时租住在一户钟姓人家。一天夜里，存放东西的那间屋子竟然被人挖了一个大洞，五箱东西被盗。

李清照想起，前几天有个叫钟复皓的邻居经常会有意无意地向她打问书画的事。失窃之后，这个人却是有意回避她一样，几天都没有消息。

她知道失窃的事必然与这个人有关，但在当时，即便是报官也未必会有人来管。甚至，还可能暴露更多东西，引来更多的麻烦。

过了几天，这个姓钟的人来看她，听李清照说起东西的失窃，装作一副惊讶的样子。李清照虽然心急如焚，却知道必须装作不慌不忙的样子。为了收回那些东西，她放出口风：

"盗贼不过是想要一点钱财。这乱世，他们弄到这些东西，也变卖不了。你对这儿比较熟悉，辛苦帮我打听打听，如果有人知道这些东西的下落，帮我要回来，我会重赏的。"

果然不出她所料。过了几天，这位叫钟复皓的邻居就带着十八轴书画前来求赏，说是好不容易在哪里偶然见到，花了不少钱才赎回来的。这其中，就有赵明诚特意交代的那件蔡襄的《赵氏神妙帖》。

几次古书画的焚毁、失窃，使李清照意识到，在这个混乱无序、歹人横行的世道里，自己一个孤寡无依的弱女子，不仅难以生存，丈夫遗留下来的那些东西，尤其是他特别提起的几件要紧之物，难免会有闪失的一天。

6

建炎四年（1130）十一月，朝廷放散百官，李清照无处可去，惶然间去了衢州。

绍兴二年（1132）春，经过几年羁旅颠簸的李清照到了临安（今浙江杭州）。弟弟李远正在这里。姐弟在临安相见，李清照很是宽慰。

李远见到姐姐李清照，觉得姐姐昔日的神采都不见了。可是，他不敢也不能说出来。

姐姐出嫁之后，李远很少有机会见到她。他们虽然是同父异母，可是姐姐跟他却毫无嫌隙，十分亲密。

李清照看着弟弟，她知道现在弟弟是她唯一可以托付的亲人了。几年的劳顿，令她苍老了很多，现在终于可以有一个安心歇息的地方，虽然只是暂时的。当然，她也知道："梁园虽好，终非久留之地。"

几个月之后，李清照忽发急病。大夫诊了脉息，知道她的病因是心累，亦是绝望，心死一般的绝望，只能宽言安慰。

病榻上的李清照，茶饭不思，后来，甚至连续几天滴水不进。高烧不退中，她有时候梦呓般地大喊："德甫！德甫！救我！"

李远看着姐姐，六神无主，一度以为姐姐将不久于人世了。无奈之下，他甚至命人预备了姐姐的后事。

棺材和入殓的灰钉都准备好了，李清照的病情却稳定了下来。

一个多月以后，大夫再次诊视，开了方子，对李清照说，慢慢养息，不会有大碍了。

7

李清照大病痊愈的时候，已经是秋天了。

没有睡意的她，望着窗外，斗转星移，夜色更深了。这时候是该安眠的时候了，可是她没有睡意，知道躺下也睡不着。昨夜的枕簟是凉的，泪水打湿了的枕簟未曾干，又落了泪，于是更湿更凉了。索性还是不睡了吧……可还是睡下吧。弟弟知道了，也是要担心的。

枕边，搁着那件一直舍不得丢弃的衣裳，那还是赵明诚在世的时候，他特意在汴京找最好的裁缝做的。睹物思人，她的手摩挲着这件衣裳。衣裳已经旧了，可是她看着看着，觉得那翠色的丝线绣成的莲蓬比以前显得小了，金色的丝线绣的莲叶也没有先前那么茂盛，看起来稀稀落落的。是因为灯烛昏暗么？不是。是因为衣裳旧了么？也不是。

这旧时的衣裳还在，旧时的家却是永远没有了。李清照泪眼婆娑，铺开纸，写下了《南歌子》：

> 天上星河转，人间帘幕垂。凉生枕簟泪痕滋。起解罗衣，聊问夜何其。　翠贴莲蓬小，金销藕叶稀。旧时天气旧时衣。只有情怀，不似旧家时。

对李清照来说，难解的事情太多了。她一个女子，兵荒马乱的年代，实在无力应对那么多的事情。

年近半百的李清照，既无一男半女在身边照料，又不能长久跟弟弟住在一起，思虑之下，李清照想，也许再嫁，才是唯一可行的办法。

这时候，李清照已经为赵明诚服丧二十七个月，过了服丧期。而神宗执政年间（1068—1085）曾经禁止"命妇"再嫁的法令已经取消。

这时候，一个叫做张汝舟的人出现了。张汝舟当时担任右奉承郎监诸军审计司，主要负责检查核准军队粮草与俸禄，品级不高但生活无虞。

思虑再三，李清照答应嫁给张汝舟。

她将赵明诚留下的最为紧要的东西，放在箱子里锁好，嘱托仆妇看管，以待将来看情形再行处置。那几把钥匙，她则始终不离身。按照宋朝的法律，这些东西是属于赵明诚的，而赵明诚去世后，这些家产则属于赵氏家族，一个没有子嗣的寡妇是不能将这些东西带走的。

赵明诚的收藏，即便在当时不算天下第一，也算是收藏大家。张汝舟肯定是知道的。婚后，张汝舟有意无意会问起这些东西，想要看看这些收藏。

李清照对此事没有留下商量余地，也就是说张汝舟不能过问此事。张汝舟有时恼羞成怒，便对李清照施以拳脚。

李清照没有想到，婚后不足百天，她就实在无法忍受身边这个俗不可耐的人。她对再婚后的生活充满厌恶，再也不愿跟这个人多生活一天。

她决计跟张汝舟离婚。

8

李清照当然知道，离婚需要理由。宋代对丈夫休妻做了限制，更限制妻子提出离婚，除非夫家对她恶意侵犯。一时之间，李清照找不到可以跟张汝舟离婚的理由。

"你要告我什么呢？"张汝舟得意洋洋。

李清照转过身去，她越来越不愿意看见他那张随着嚣张气焰而愈显得丑陋的脸。她也不能原谅自己的糊涂，觉得遭罹此难，真是咎由自取，天不可赦。

李清照忽然想起来，有一天，张汝舟得意忘形地夸口说，他曾经"妄增举数入官"。当时，朝廷规定，达到特定年龄，数次考进士不中的人，经由上奏，可以由皇帝特许而做官。张汝舟可能是弄虚作假多报了考试次数才当上官。

李清照拿定了主意，就用这个理由提起离婚。她自然知道宋代的律法，妻子告发丈夫，即使丈夫罪行属实，也算是逆行，要判处两年徒刑。面对两年的牢狱之灾，李清照还是痛下决心，决定告发张汝舟"妄增举数入官"的罪行，同时提出离婚。

才情超绝的女词人，跟终于暴露了小人面目的张汝舟一起对簿公堂，是羞愧难言，无地自容的。

不胫而走的消息，很快传到了当朝翰林学士綦（qí）崇礼的耳朵里。

綦崇礼是赵明诚的远房亲戚，闻听此事焦虑万分。他当时甚得皇帝宠信，对李清照的困境，岂有不出手之理？于是他上奏章为李清照求情。由于皇帝亲自过问，张汝舟被撤职流放。而李清照在狱中被关押九天之后，得以回到家中。

大难蒙恩，李清照对綦崇礼万分感激。

她写信给綦崇礼，一方面要表达谢意，一方面向綦崇礼诉说了这几年颠沛流离的生活。写下"近因疾病，欲至膏肓。……信彼如簧之舌"时，李清照忍不住流下了眼泪。她写到"遂肆侵凌，日加殴击，可念刘伶之肋，难胜石勒之拳"时，已然泣不成声。她索性放下笔，走到窗前，任帕巾湿透。稳定了情绪，李清照坐下来把信写完："感戴鸿恩，如真出已。故兹白首，得免丹书。……忝在葭莩，敢兹尘渎。"写完信，心中的苦闷都倒出去了，李清照觉得舒服多了。

暮色苍茫

1

绍兴三年（1133），李清照已经五十岁了。孤独一人的她，虽然偏居一隅，但是依旧关心时局的变化。这年，发生了一件大事，就是春夏间朝廷要派韩肖胄和胡松年作为特使，去探望被俘押在金国的徽宗赵佶和钦宗赵桓。

韩肖胄和胡松年是李清照父亲的旧识。但是，父亲故去后，她多年没有机缘见这两位前辈了。两位前辈的人品见识她是久有听闻的，虽然她知道此一行必然艰难，无异于与虎谋皮，但她坚信两位前辈必定会不辱使命。想到这儿，她一个弱女子，

没有上马杀敌之力，也没有能力拯救被不断践踏的
"土地非所惜，玉帛如尘泥"的黎民百姓。但是写
几首诗壮行还是可以的。

从乞求公公救父的那首诗开始，她就已经懂得
了文字的力量。于是，就有了她的《上韩公枢密、
工部尚书胡公》诗二首。

长达八十六行的诗，将壅塞在她心头的积郁喷
发而出。

她在诗的结尾写道：

子孙南渡今几年，飘零遂与流人伍。

欲将血泪寄山河，去洒东山一抔土。

整首诗，李清照写得十分顺畅，没有一丝挂
碍。写罢了，她也似乎虚脱了，冷汗淋漓，像得
了大病一样。

不久，李清照的诗迅疾传播开来。

两位大臣就要出使金国了，她知道在他们出使
之前，一定会读到这两首诗。

除了诗，她还在诗的前面写了一个小序，大意

如下：

"绍兴癸丑五月，枢密韩公、工部尚书胡公出使金国。我的祖父父亲都是出自韩公门下，但今天家世变故，我已经是寻常百姓，不敢去打扰拜访。虽然贫病，但仍旧关心时局。知道这样的消息，还是不能忘记要说几句话。这里作古诗、律诗各一首，以寄去我的心意，等待采诗的人采集呈上。"

她的这两首诗，是壮行，也是期待。她等着两位大臣带回好的消息。她也相信，这两首诗一定会被朝廷采诗的人记录而流传下去。

2

绍兴四年（1134）九月，金人及伪齐合兵南下，形势再度告急。李清照急忙投奔当时在婺州（今浙江金华）任太守的赵明诚之妹婿李擢。

颠沛流离，惶惶不安，和平年代的人很难想象那种日子人们是如何度过的。

这些年，李清照已经习惯于这样的生活了。漂泊的时间久了，也就听之任之，随遇而安了。

在婺州的日子，为了消解寂寞，李清照除了作诗填词，她还将当时流行的"打马"游戏加以总结，著有《打马图经》一卷，详细介绍了"打马"的规则、技巧，以及"打马"的心得。

何谓"打马"？其玩法至清咸丰年就失传了，所以至今说法不一。有学者认为"打马"是一种博输赢的棋类游戏，棋子叫做"马"。按照一定的规则、格局和图谱，双方用马来布阵、设局、进攻、防守、闯关、过堑、袭敌。

五十一岁的李清照，亲友多亡，亦无子嗣，而战局不利的消息又不断传来，她除了偶尔填几首词，又能做些什么呢？她觉得孤苦无依的时候，玩玩"打马"游戏，不惟是消遣，也是为了消解胸中的块垒。

一天，赵明诚的妹婿李擢来看望她。李清照拿出新近填的几阕词给李擢看。让李擢颇觉意外的是，李清照的这几阕词却是气息沉稳，近乎澄明之境了。而让他更为惊讶的是，李清照竟然为"打马"这种游戏写了一篇《打马赋》，意思是说：

"……马队像群星那样……行马像吴江的枫叶

悄然飘落，像燕山乱飞的叶子没有头绪，（马）当退居玉门关内，养精蓄锐，以待战机。有时要出其不备，像昆阳之战一样以少胜多；有时要从容镇定，以义制敌，像涿鹿之战中一样。……'马'在无路可走时，要安心慢慢退回，寻找机会再战；局势有利时，'马'应如日行千里之驹，迅捷占领敌人的阵地；有时在狭窄的鸟道上，也要惊心飞过；有时则要善于隐蔽，就像蚂蚁用土封上穴口……"

李擢读罢这些文字，不禁站起来，脱口而出：

"这哪里是游戏，简直就是战场！"

身处家国逆境的李清照写这些文字的时候，会想到些什么呢？这哪里仅仅是游戏，简直就是对南宋时局的忧心忡忡，是对家国前途的血泪祈盼，更是祈祷那些壮士英勇无畏地上战场杀敌，恢复故土家园。

写这篇"打马"文字的时候，李清照恨不能为男儿身，或是像是北朝的巾帼英雄花木兰那样女扮男装，穿着甲胄，背着箭囊，带着兵器，骑上马去从军。她恨自己只是一个弱女子，且朝廷一味偏安南逃，她又能奈何？！

3

绍兴五年（1135）春，李清照却无心出门赏春，提笔填词《武陵春》：

> 风住尘香花已尽，日晚倦梳头。物是人非事事休，欲语泪先流。　　闻说双溪春尚好，也拟泛轻舟，只恐双溪舴艋舟，载不动、许多愁。

她刚刚放下笔，妹婿李擢即来拜访。李擢看见案上未干的墨迹，就知道这是李清照的新作。一读之下，他似乎想要说些什么，却又没说。他知道这阕词出笔虽然极为蕴藉，但那里面是生离之愁、死别之恨。

算了，还是不说这个了。李清照曾跟他说过，想去看看著名的八咏楼。

"今天，我陪您去看看八咏楼吧！"李擢说。

"也好，去看看吧！"李清照笑笑。她自然知道李擢看了自己新作的词不置一言是什么意思。

李清照早就知道这座名楼。路上，她对李擢说：

"你知晓这座楼的来历吗？"

不及李擢回复，她又接着说：

"这座楼原来叫'元畅楼'，是南齐隆昌元年（494）沈约任东阳郡太守时建造的。竣工后沈约曾多次登楼赋诗，其中有一首《登元畅楼》：'危峰带北阜，高顶出南岑。中有陵风榭，回望川之阴。岸险每增减，湍平互浅深。水流本三派，台高乃四临。上有离群客，客有慕归心。落晖映长浦，焕景烛中浔。云生岭乍黑，日下溪半阴。信美非吾土，何事不抽簪。'沈约在此诗基础上又写了八首，称为《八咏》诗。故后人以诗名改楼名为八咏楼。

八咏楼，楼高数丈，屹立于石砌台基之上，有石级百余。

李清照登上八咏楼，看着婺江久久不语。婺江两岸，河山尚好，却已是破碎。

观览许久，李清照在楼上漫步，似乎在想些什么。李擢知道她也许是有了感触，在构思腹稿了。

李清照站住不走了，沉吟片刻，陡然想起贯休的一句诗："一剑霜寒十四州。"于是借景亦借贯休的诗意，作《题八咏楼》诗：

　　　　千古风流八咏楼，江山留与后人愁。

　　　　水通南国三千里，气压江城十四州。

　　李擢闻声，连拍几下栏杆，大叫："好一个'气压江城十四州'，比起'一剑霜寒十四州'，更是绝唱！"

　　但李擢心里明白，但凡这样的诗，气度恢宏之外，亦是难免深藏着难解的悲恸，是一般人所难忍受的于国于家于己的大苦大悲、大愁大痛。

　　看着李清照转过身，向八咏楼的另一侧走去，李擢心里默念着："悲宋室之不振，慨江山之难守。"但他不敢读出来。

　　回去的路上，李清照对李擢说：

　　"还是沈约的诗有意味。也许，真的该将他的那八首诗勒石在这里，诗与楼交相辉映才好呀！"

　　李清照不知道的是，她这个想法在五十几年后实现了。南宋淳熙十四年（1187），八咏楼进行扩建，沈约的八咏诗终于刻了石碑，立在楼上。

4

对李清照来说，也许嫁给赵明诚、保管赵明诚收藏的这些书画器物即是命运。李清照的后半生，几乎就是为了赵明诚的这些遗存而活着。

绍兴五年（1135），在婺州的李清照再次犹如惊弓之鸟。

一天，朝廷忽然"诏令婺州索取故龙图阁学士赵明诚家藏《哲宗皇帝实录》，缴进"。意思就是朝廷命令婺州的守官去找赵明诚的遗孀，收缴赵家收藏的《哲宗皇帝实录》。"收缴"二字，李清照听到，如同霹雳一般。

建炎元年（1127）朝廷南逃的时候，慌乱之中遗失了《哲宗皇帝实录》的原本。朝廷不知从哪里得到密报，知道当年赵挺之参与编修的时候，竟然偷偷抄录了一份，而这份抄本如今在李清照手上。《哲宗皇帝实录》被目为冒禁传写之物，窃窥、私藏都是犯法。朝廷点名要赵家进缴此书，惊慌失措的李清照只得迅速呈上。

赵明诚留下的这些遗物，随着李清照的不断迁徙，随着焚毁、丢失、失窃、上缴，已经所剩不多了。

绍兴十九年（1149），赵明诚去世二十年之际，李清照检阅全部遗存，最后手捧两帧米芾的手帖，若有所思。她知道公公赵挺之对苏轼、黄庭坚有嫌隙，对蔡襄、米芾则珍惜有加。如今公公和丈夫均已作古，她唯一能告慰于死者的就是将他们最为珍视的书画收藏好。

想到这里，李清照决定去拜访暂居此地的米芾之子米友仁，请他题写跋语，以作为珍重的纪念。

当李清照来到米宅，呈上米芾二帖的时候，年逾八旬的米友仁百感交集，涕泗横流。待安静下来，李清照为米友仁研墨，米友仁沉思片刻，先题写了《灵峰行记》：

"易安居士一日携前人墨迹临顾，中有先子留题，拜读不胜感泣。先子寻常为字，但乘兴为之。今之数句，可比黄金千两耳。"

大意是说，易安居士携带她收藏的我父亲的字帖来家中。我看了感慨泣下，父亲当年随便乘兴写的这几句文辞，现在就值黄金千两了。

接着，米友仁又一气呵成题写了《先人寿诗帖跋》。

看着年迈的米友仁在案前立定，沉思，题写，李清照感到真是不虚此行，她想起"功夫在诗外"的话，她知道书法的功夫一样是在书法之外。不惟书法精妙，言辞简洁，米友仁超脱尘世的气度，才是最难得的。这一切给李清照留下了极深的印象。

可惜的是，米芾的这两帧书法没有流传下来，我们是有赖于岳飞的孙子岳珂在《宝真斋法书赞》中的记载，才知道历史上曾经有这样两帧手帖，才知道有这样一段词人和书家之间的佳话。

5

绍兴十三年（1143），李清照六十岁了。她大约于绍兴六年（1136）由婺州移居到了临安。

局势暂时平稳，偏安一隅的朝廷，为了收拢人心，不时有安抚的举动，所谓的洪恩浩荡也降临到了李清照的身上。她因为曾经是显赫一时的赵氏家族赵明诚的妻子，朝廷恢复了她的"外命妇"身份，可以享受一些朝廷赡养官员遗孀的俸禄。对李清照来说，改嫁一事，已是终生的憾事，"外命妇"身份的恢复不仅是一些安慰，还可以抵御一些人的谗言。

晚年生活孤苦，虽然李清照难免会有心如死灰的时候，但真正安静下来，她回顾这一生，还是不后悔的，即便是与丈夫赵明诚偶尔有龃龉不和，跟世间的男男女女相比较，二人也算是难得的知己。尤其是赵明诚去世之后，独自一人的李清照还是会不时想起他。他们曾经为了收藏喜爱的东西而不得，夫妇相对，惋惜惆怅好几天；得到思慕的东西，则相对玩赏同乐。在青州，二人也曾有长达十余年的相濡以沫。

"外命妇"身份的恢复，使得李清照恢复了一定的社会地位，赵氏家族也偶尔给予她一些接济。但世事变迁，远非平安年代，李清照的生活与当年相较是一落千丈了。

李清照手边，前几年也许还有一些收藏的东西，但是随着不断的迁徙，遗失、各样人等的巧取豪夺、因经济困窘而无奈变卖，应该是所剩无几了。

时光流逝，李清照最后的那些日子，似乎也与赵氏家族渐行渐远了。经济的匮乏，使得她只能去租住更为逼仄的宅子，后来竟至于和"引车卖浆者流"杂居一处了。

6

又一年的元宵佳节到了。这之前的除夕，李清照是如何度过的？想来该是独自一人，至多不过有一个应门的老仆，或者有一个洗衣煮饭的老妇；甚至，干脆就是她自己一个人。

亲友因各样的人事，也渐渐疏远了。她亦不愿意随意去打扰别人。偶尔，有人敲门，送来帖子邀约，应门的人早已经因李清照的嘱托，一一代她推脱了。

一天，她的门又被敲响了。老仆去开了门，原来是一位旧识。这位孙姓的熟人带来一个女孩儿。

女孩不过十余岁，几句言谈下来，显得十分聪慧。李清照晚年也曾经想将自己在诗词方面的才能传下去，她觉得这个小女孩也许是可造之才。她抚着她小女孩的头问她：

"喜欢读书吗？"

她多么希望这个小女孩就像她小时候一样，大声说："我要读书！"

可是小女孩却说："读书不是女子的事情呀！"

失望地送走熟人，李清照嘱咐老仆把门关好，不再随意给人开门了。

元宵佳节这一日，李清照听到外面有车马辚辚的声音，到了门口，车停下了，有人敲门。她听得出来那人是谁。她没有心境，在那样热闹的节日出门应酬，去说一些无聊的话。在她的心里，眼下的生活虽则暂时安和，却难免还会有"次第岂无风雨"的时候。

李清照想起自己小的时候，父亲带着自己上街，看着满街的人"铺翠冠儿，撚金雪柳，簇带争济楚"，那是多么欢喜的时刻呀！想到这儿，李清照低下头来，想起不知谁说过的一句话："年难过，年年难过年年过。"

案上的镜子早已蒙了厚厚一层灰尘，"风鬟霜鬓"，已是不须看了。尤其是外面到处都点着喜庆的灯笼，自己出去做什么呢？可毕竟一个人是孤独的，她听得街上有行人经过，说着什么，还有人因为什么笑了起来。她趋近了窗子，想听听楼下的行人说些什么，行人却走远了。

李清照转身坐下，填写一阕《永遇乐》：

> 落日熔金，暮云合璧，人在何处。染柳烟浓，吹梅笛怨，春意知几许。元宵佳节，融和天气，次第岂无风雨。来相召、香车宝马，谢他酒朋诗侣。　　中州盛日，闺门多暇，记得偏重三五。铺翠冠儿，撚金雪柳，簇带争济楚。如今憔悴，风鬟霜鬓，怕见夜间出去。不如向、帘儿底下，听人笑语。

7

绍兴二十一年（1151），李清照在临安将《金石录》三十卷再加厘定，连同赵明诚、刘跂和她本人所做的三篇序言，一同进献给了朝廷。

那一天，李清照无意之中翻阅《金石录》，好像见到了死去的亲人，因此又想起赵明诚在莱州静治堂上，把它装订成册，插上芸签、束上缥带的情景。每天晚上结束工作，赵明诚便校勘两卷，题跋一卷。这二千卷中，有题跋的就有五百零二卷。现在赵明诚的手迹还像是新的一样，可是他墓前的树木已能两手合抱了。一念及此，李清照悲伤不已。

感叹之外，李清照在《金石录·后序》里对于收藏也有理性的反思：

"唉，自从唐代的王涯与元载遭到杀身之祸以后，书画跟胡椒几乎是一样的货色；而晋人和峤所患的钱癖跟杜预所患的《左传》癖，也似乎没有什么区别。名义虽不相同，但各自受到的迷惑则是一样的呀。"

李清照对于文物的聚散表现出比赵明诚更澄澈的理性智慧。她深知随着书册古物的增加，人的迷恋贪婪，也即佛教所谓的"妄想"也会随之增加。甚至，在这些文字里面，她还反思了她和丈夫的收藏行为是否荒谬。

她在追问，难道人性之所专注的东西，能够逾越生死而念念不忘吗？或者天意认为我资质菲薄，不足以享有这些珍奇的物件吗？抑或赵明诚死而有知，对这些东西犹斤斤爱惜，不肯让它们留在人间吗？为什么它们得来非常艰难而失去又是如此容易啊！这三十四年来，忧患得失，何其多啊！然而有有必有无，有聚必有散，这是人间的常理。有人丢了弓，便有人得到弓，又何必计较。因此我以区区之心记述这本书的始末，也想为后世好古博雅之士留下一点鉴戒。

李清照的这些话，我们细究起来，可以咂摸出一些弦外之音。

这不是坚持之后的后悔，而是对执着于物癖的深深的反思。

8

绍兴二十一年（1151），也许要更晚一些，李清照在临安另外找到一处闲置的小院。李清照去看了，十分喜欢那个环境，尤其是小院里种植着的那几株芭蕉。

下雨的时候，外面"淅淅沥沥"，雨水打在芭蕉叶上的声音，"滴滴嗒嗒"的，也似残荷一样。

李清照租住这里以后，就十分喜欢这几棵芭蕉。

隔窗相望外面的芭蕉，这芭蕉是谁种的？宅子的主人种的？还是更早的主人？那种植了芭蕉的人，于今何在？

三更天了，人无眠，雨却忽地下了起来。雨打芭蕉，"唰啦啦"，"唰啦啦"，一阵紧似一阵；一会儿，似有似无，一会儿，雨水又疾疾落下。疾疾的雨，似乎容易忍过去，可这点点滴滴的雨，一点一滴的，才是最折磨人的。每一点，每一滴，都滴在人的心头。"北人"习惯了大雨倾盆，下则下，停则停，痛快淋漓。而这点点滴滴的雨中，夜晚愈加显得漫长无边。

李清照在这样的雨夜总是难以入睡，她披衣起身，填了一阕《添字丑奴儿》：

窗前谁种芭蕉树，阴满中庭。阴满中庭，

李清照隔窗望芭蕉。

叶叶心心，舒卷有余情。　　伤心枕上三更雨，点滴霖霪。点滴霖霪，愁损北人，不惯起来听。

李清照喜欢坐在门前，看着时紧时慢的雨落下来。雨声也似词的音律，细听是能够听出来的。随着雨声，李清照吟诵着自己的词作，那些词语也浸透了微凉的雨意。

9

秋天到了，连着好多天，一点雨也没有。很快，蕉叶枯干了。看着那么多宽阔的芭蕉叶子闲着无用，她忽然想起怀素在蕉叶上写字的故事。

李清照从小学习书法，尤其是经过父亲李格非的指点，不仅在临习上下过功夫，而且对书法有着自己的见识。李清照最喜欢晋人书法的风流倜傥、自在无碍。她的书法也是刚柔兼济，不拘一格。

她摘下一片蕉叶，横在案上，顺势抄写了一阕她不久前填的词《忆秦娥》：

临高阁，乱山平野烟光薄。烟光薄，栖鸦归后，暮天闻角。　　断香残酒情怀恶，西风催衬梧桐落。梧桐落，又还秋色，又还寂寞。

抄完这阕词，李清照觉得有些累了。她也想写一封书信，她心里有那么多的话要说，可是她写了又能寄给谁呢？

她沉默了许久。过了一会儿，她的脸上似有一丝欢欣，"文章千古事"，也许，还是值得的吧。她相信，她的这些作品一定会流传下去。

灯烛里的油已经不多了，灯光昏暗下来，她也懒得起来，再去添一点灯油。

恍恍惚惚中，她睡着了。她做了一个梦，梦见她回到了家乡明水，见到了父亲，还有面目模糊的生母，还有拉着她的手的二伯母。赵明诚也在，只是远远站在后面，总也不肯过来。他们一大群人去游莲子湖，坐在船上，在荷花之间穿行。她好像说了些什么，但她也没有记住。

她睡着了。

这一次，她再也没有醒来……

李清照
生平简表

● ◎ 宋神宗元丰七年（1084）

李清照生于济南府章丘明水镇。父亲李格非为"苏门后四学士"之一，有《洛阳名园记》等著作传世。

● ◎ 宋哲宗元符元年（1098）

"学诗三十年"伊始。作《如梦令》等词。

● ◎ 宋徽宗建中靖国元年（1101）

嫁给太学生赵明诚。李清照父李格非任礼部员外郎，赵明诚父赵挺之任吏部侍郎。作有《渔家傲》等词。

●◎崇宁元年（1102）

五月，赵挺之任礼部尚书，负责编修史书。李格非被列入"元祐党籍"。李清照作诗，祈求赵挺之营救李格非，有"何况人间父子情""炙手可热心可寒"之句。

●◎崇宁二年（1103）

赵明诚出任官职，四处寻访收集古书器物。李清照因党祸局势紧张可能暂回原籍。

●◎崇宁三年（1104）

九月，赵挺之任右光禄大夫。李清照因党祸局势变化可能时回原籍，时回汴京。

●◎崇宁四年（1105）

三月，赵挺之任银青光禄大夫、尚书右仆射兼中书侍郎。六月，赵挺之被免去右仆射，任金紫光禄大夫、观文殿大学士。十月，赵明诚任鸿胪少卿。

●◎崇宁五年（1106）

正月，徽宗下令销毁"元祐党籍碑"，大赦天下，解除对元祐党人的禁令。李清照由原籍回汴京。

●◎大观元年（1107）

三月，赵挺之去世于京师，享年六十八岁。从这年起，赵明诚与李清照在青州暂居。李清照可能从这年开始作《词论》。

●◎政和七年（1117）

赵明诚为收集到的二千种古代碑帖撰文，编辑为《金石录》三十卷。

●◎宣和三年（1121）

赵明诚任莱州太守。八月，李清照从青州到莱州，途经昌乐，在驿馆作《蝶恋花》。八月十日，李清照到了莱州，作《感怀》诗。

●◎宣和五年（1123）

李清照与赵明诚在莱州静治堂继续整理《金石录》。

●◎宣和七年（1125）

赵明诚任淄州太守。

●◎宋钦宗靖康元年（1126）

夏天，赵明诚在淄西一户邢氏人家得到白居易手书《楞严经》，急忙拿回家和李清照共赏。

●◎宋高宗建炎元年（1127）

三月，赵明诚因母亲去世，赴江宁料理后事。四月，金人攻陷汴京，俘虏了徽宗、钦宗二位皇帝，并押送到金国，北宋灭亡。五月康王赵构在南京应天府即位，史称高宗，建立南宋。八月，赵明诚任江宁知府。李清照避难南下，携带了十五车古书器物，过淮河赴江宁。十二月金人攻陷青州，赵氏青州故宅所藏书册什物为战火焚毁。

●◎建炎二年（1128）

春天，李清照抵达江宁。三月十日，赵明诚为李清照携来的蔡襄《赵氏神妙帖》题写跋语。李清照这年作诗，遗留有残句"南渡衣冠少王导，北来消息欠刘琨"及"南来尚怯吴江冷，北狩应悲易水寒"。

●◎建炎三年（1129）

二月，赵明诚任湖州太守。三月，赵明诚因御营统治官王亦谋反一事处置不当而被罢免。随后赵明诚、李清照乘坐舟船经过芜湖，到姑孰，准备在赣水暂居。四月，赵构到江宁，五月八日将江宁府改为建康府。赵明诚五月到池阳的时候，被朝廷再次任命为湖州太守。六月十三日，赵明诚与李清照告别，去建康朝见皇帝。七月末，李清照收到赵明诚病重的消息，赶往建康。八月十八日，四十九岁的赵明诚病逝。李清照为赵明诚写了祭文。

●◎建炎四年（1130）

正月初二，赵构逃到章安，二十一日又逃到温州。因为恐惧"通敌"谣言，李清照决定向朝廷进献古铜器，一路追赶朝廷，十一月到了越州。

●◎绍兴元年（1131）

三月，李清照由衢州再次返回越州，租住在钟氏人家的宅邸。一些书画古物被盗。

●◎绍兴二年（1132）

这年夏天，李清照再婚，嫁给张汝舟。九月，李清照告发张汝舟弄虚作假得官，并以此理由离婚。离婚案件中，得到赵明诚的亲戚綦崇礼的帮助。事后，写《投内翰綦公崇礼启》表示感激之情。十一月，向朝廷上缴赵明诚家藏的史书《哲宗皇帝实录》。

●◎绍兴三年（1133）

五月，朝廷派礼部尚书韩肖胄、给事中胡松年出使金国，希望能接回被金人俘虏囚禁的徽宗、钦宗两位皇帝。李清照作《上枢密韩公、尚书胡公诗》寄托心意。

●◎绍兴四年（1134）

八月，作《金石录后序》。九月，李清照去婺州。十一月二十四日，作《打马图经》并自序。

●◎绍兴五年（1135）

春天，在婺州赋《武陵春》词，又作《八咏楼》诗。李清照或在次年离开到了临安。

●◎绍兴十三年（1143）

五月，在临安。李清照替身为朝廷命妇的亲戚代写《端午帖子词》。

●◎绍兴十九年（1150）

访问米友仁，为所藏米芾书帖求题跋。

●◎绍兴二十一年—二十五年（1151—1155）

李清照将最终修订好的《金石录》进献给朝廷。在此期间，李清照想将自己一生所学传给孙氏女，被孙氏女婉拒。其卒年不详。